사계절의 향기,
내가 좋아한 사람들

사계절의 향기, 내가 좋아한 사람들

2022년 11월 05일 초판 인쇄
2022년 11월 10일 초판 발행

지은이 조현숙 | 펴낸이 이찬규 | 펴낸곳 북코리아
등록번호 제03-01240호 | 전화 02-704-7840 | 팩스 02-704-7848
이메일 ibookorea@naver.com | 홈페이지 www.북코리아.kr
주소 [13209] 경기도 성남시 중원구 사기막골로 45번길 14
　　　우림 2차 A동 1007호
ISBN 978-89-6324-973-5 (03190)
값 14,000원

사계절의 향기,
내가 좋아한 사람들

조현숙 일상수필집

북코리아

프롤로그

봄, 여름, 가을 그리고 겨울, 사계절은 자신의 향기를 발하며 조용히 그러나 쉼 없이 자신의 모습을 어김없이 의연하게 보여주고 있습니다. 그 시간의 흐름 속 일상에서 만나는 향기로운 사람들에 대해 속삭이고 싶어졌습니다.

은하계의 한 변방 지구라는 별에 함께 거주하며 자연의 한 부분으로 살아가는 인연으로 한 공동체를 이루고 있는 사람들, 그것도 한반도라는 지정학적 공간을 함께 누리며 가족이라는 인연과 경주라는 지역공동체의 인연으로 맺어진 수많은 이들을 생각합니다. 그중 나의 일상에서 늘 만나며 내게 큰 의미로 다가와 자신의 이야기를 속삭여주고 스쳐 지나가는 사람들의 이야기에 귀를 기울이고 싶어졌습니다. 그리해 일상에서 따스한 시선을 날마다 맑게 준비하며 촉을 밝혀두고 있습니다.

때로는 출근길에 만나기도 하고, 산책길에 나서서 우연히 만나기도 하고, 이동 중에 자동차의 차창 밖에서 만나기도 하며, 어느 날에는 길을 걷다 우연히 마주치는 현상으로 나의 삶을 의미 있게 만들던 여러 사람들의 향기롭던 목소리가 생각납니다. 그들로 인해 나의 일상이 더욱 풍요롭게 채워졌습니다.

"참 소중한 당신, 응원합니다!"라는 주제로 만났던 봄날의 석굴암과 장항리사지로 향했던 동료들의 발자국들과 다음 날 기림사 왕의 길을 걸으며 나누었던 물과 구름과 바람, 새싹들, 배낭과 김밥을 생각합니다. 봄날 연둣빛 잎새들의 하늘거림 속에 동료들과 걸었던 긴 산길, 길가에 피어있던 봄 야생화, 현호색과 양지꽃들의 깨끗한 얼굴들, 봄 나무들의 속삭임들 속에 길 명상의 시간을 함께 나누었던 소중한 사람들도 생각납니다.

시간이 흐를수록 이 땅을 사는 사람들이 서로 연결되어 있음을 더욱 느끼며 살게 됩니다. 매일의 소중한 일상에서 공존과 공생을 실천하며 더욱 따스하게 살고 싶다는 생각을 합니다.

나의 삶의 정원에서 만나는 아름다운 사람들의 이야기도 전하며 확산시키고 싶다는 생각이 듭니다. 소중한 그들에게 감사의 인사를 전하는 시간입니다.

경주 충효동에서
시원한 여름비를 기다리며,
조현숙

목차

오토바이를 타고 가는 아버지와 두 아들

2021년 오월의 어느 날 아침이었습니다. 여느 때와 마찬가지로 출근길의 자동차 안에 있었지요. 신호등의 빨간불이 들어와 기다리고 있는데 순간, 오토바이가 내 차 옆의 좁은 공간을 통과해 바로 앞에 와 멈추어 섰습니다. 자동차로 운전하며 일터로 출근과 퇴근을 하는 일상에서 오토바이는 특히 조심해야 할 대상으로 마음속에 자리 잡고 있습니다. 접촉사고가 나면 오토바이를 탄 사람들이 다칠 확률이 매우 높기 때문이지요. 그래서 늘 오토바이가 접근하면 방어운전을 하고 있는데 그날 아침도 약간 긴장을 했습니다.

그런데 그날 아침은 상쾌한 기분이 들었습니다. 코로나 19 상황이 전 세계를 휩쓸고 지구촌 전체가 명상과 피정으로 들어간 상황이라고도 할 수 있는 요즈음 이 년 정도에 걸친 상황에서 배달문화가 더욱 활성화된 우리나라의 문화이므로 오토바이가 더욱 거리를 확보하고 있는 상황입니다. 그 오토바이는 뒤에는 커다란 검은 상자가 달려있었고, 아마 배달주문이 들어오면 따스하게 음식을 보관하는 작은 보온상자 혹은 냉장고 역할을 하는 상자이리라 생각합니다.

아버지로 보이는 한 남자가 오토바이를 운전하고 아버지 앞에 한 아이가 타고 있고 아버지의 뒷좌석에도 어린아이가 타고 있는 모습이었습니다. 한 가정의 부자들 모습인 듯 보였습니다. 무슨 일이 있기에 아침에 어린아이들을 태우고 가는 길이겠지요. 아버지를 완전히 신뢰하는 마음으로 아버지의 허리를 꼭 잡고 타고 있는 가느다란 팔다리와 작은 머리를 보았는데 저절로 흐뭇한 웃음이 나더군요. 가족이라는 무한 신뢰의 울타리 모습을 보았습니다. 아버지의 책임감과 보호자로서 운행하는 모습이 안정적으로 보였습니다. 어린 아들의 윤기 나는 검은 머리카락이 바람에 나부끼고 싱그러운 아침 햇살에 반짝이는 모습이 눈부시게 들어왔습니다.

신속 배달의 문화, 택배기사들의 과로사를 미디어에서 접할 때마다 마음 한 곳이 "쿵!" 하고 소리를 내는 듯합니다. 먹고사는 일의 숭고함과 절박함과 엄중함을 다시 생각해보는 아픈 순간들이 많았습니다. 그러나 이날 출근길의 신선한 아침 공기와 푸르른 경주 대릉원의 봄 나무들과 연둣빛 잎새들 사이로 보석처럼 부서지는 햇살 조각들 사이로 신나게 오토바이를 타고 앉아 자동차 사이를 시원하게 달리고 있는 세 부자를 만난 순간, 나의 입가에 흐뭇한 미소가 저절로 지어지고 마음속에서는 기쁨이 조용히 샘솟고 있었습니다.

가족이 만들어내는 무한 신뢰와 따뜻함과 소중함을 느낄
수 있는 순간이 흐뭇하게 오토바이와 함께 달리고 있었습니
다. 아이들의 빛나는 머리카락이 바람에 휘날리고 믿음으로
아빠의 허리를 꽉 잡고 있던 아들의 하얀 손과 발, 그리고 가
족이라는 울타리에서 피어날 아름다운 삶의 이야기들이 상
상되었습니다.

ⓒ 조현숙

산딸기를 따는 농부 할아버지와 할머니

점심을 먹고 소나무길을 걸어 산책길에 나섰습니다. tvN 〈강식당2〉 "화랑도 반한 맛, 강볶이"를 촬영했다는 한옥으로 지어진 제법 분위기 있는 카페를 지나 그늘 쪽으로 걷고 있었습니다.

봄부터 하얀 꽃을 피우던 산딸기나무들이 붉은 열매를 조롱조롱 달고 있는 것이 눈에 띄었습니다. 햇빛 가리개 모자를 푹 눌러쓰신 농부 할아버지께서 붉게 익은 딸기를 한 알 한 알 정성스럽게 따서 허리에 두른 바구니에 담고 계셨습니다. 가까이 다가가 인사를 드렸습니다.

"안녕하세요, 딸기가 잘 익었습니다."
"어디서 오셨나요? 처음 오셨나요?"
"네, 처음으로 딸기 따는 장면을 보게 되어 기쁩니다."

작은 인사를 나누는 순간 할아버지는 잠시 딸기 따는 손길을 멈추고 쉬는 시간을 가졌습니다. 시골의 정다운 할아버지처럼 어디서 왔느냐, 누구누구 아느냐, 작년에도 이곳에 들른 분들이 많다 등등 자신의 정보를 순박하고 자연스럽게 이야기하는 가운데 같은 일터의 사람들도 이 농장에 자주 들렀음을 알게 되었습니다. 제철 과일을 현지에서 바로 사서 먹을 수 있다는 기쁨이 함께 했습니다.

그 노부부는 당신들이 드실 야채를 조금씩 밭에 심어두고 계시더군요. 케일 몇 포기, 마늘 몇 줄, 부추도 조금, 붉은 양파도 두 고랑, 감자도 두 고랑, 대파도 한 고랑 심어두고 계셨어요.

보석처럼 예쁜 모습의 동그란 얼굴을 한 짙은 붉은 빛깔의 산딸기를 1킬로그램 사 들고 돌아왔습니다. 저녁에 씻어서 감사한 마음으로 가족과 함께 먹을 생각에 기뻤습니다.

농부들의 수고와 정성과 손길로 결실을 맺은 열매를 감사히 잘 먹고 건강한 나의 몸을 만들고 건강한 몸을 기반으로 해 좋은 기운을 주위의 세상에 나누어줄 수 있는 터전으로 삼을 수 있기에 서로 소중하고 밀접하게 연결되어 흘러가는 인간 삶의 원리를 다시 생각하게 되는 순간이었습니다.

시골의 한적한 마을인 새남산길에는 몇몇 집들이 오순도순 다정하게 삶의 터전을 이루고 있지요. 봄날이 무르익어가는 남산길, 산책하는 길목에는 달콤한 산딸기 향기가 봄날의 따사로움과 함께 그 길목을 따라 퍼져나가고 있었습니다.

전 세계가 단체 명상에 들어간 시간, 그리고 필요한 곳에서 말 없이 움직이는 사람들

지금은 전 세계가 단체 피정 혹은 명상에 들어간 시간이라고 할 수 있습니다. 2019년 11월부터 서서히 알려지기 시작한 코로나19는 전 세계로 퍼져나가 어느 나라도 안전할 수 없는 상황이 되었습니다. 전 세계에서 사망자가 속출하고 보이지 않는 바이러스로 인해 많은 이들이 두려움에 떨고 자가격리에 들어간 상태라고 할 수 있습니다.

평소보다 더 자주 손을 씻고 거리두기를 하고 집에서나 일터에서나 방역을 자주 하면서 청결한 생활을 강조하며 실천하고 있습니다. 마스크는 어디에서든 끼고 다니고 어린아이들조차 작은 마스크를 착용하고 다닙니다. 불안과 공포가 만연하는 분위기가 만들어지고 간혹 가짜뉴스가 사람의 마음을 현혹하는 일들이 발생하는 어수선한 시간이 우리와 함께하기도 했습니다.

전례 없이 학교의 개학이 연기되고 비대면 온라인 수업이 준비되고 우왕좌왕 혼선을 맞이하기도 했습니다. 그러나 시간이 흐름에 따라 해야 할 일들을 안내하고, 이웃을 생각하며 방역을 실천하는 사람들이 늘어나기 시작했지요. 코로나19에 관한 사람들의 생각이 책으로 정리되어 나오기도 하고 방송매체를 활용해 심리적 방역의 중요함과 마음 찾기, 불안한 마음을 다스리는 것에 대한 조언도 차분히 해주는 사람들이 나오기 시작했습니다. 환경론자들의 이야기에 더욱 경청하는 분위기가 조성되기도 했지요. 무분별한 자연개발과 우리 인간의 탐욕과 이기주의에 대한 성찰의 시간을 가져야 하는 시간이라는 학자들의 말에 귀 기울이며 공감하는 분위기가 만들어지기도 했습니다.

전 세계가 하나의 가족으로 연결되어 있음을 더욱 절감하는 기회이기도 했습니다. 지구촌, 세계시민, 과학기술의 발달로 빠르게 이동되는 물류와 사람들, 그와 더불어 바이러스도 함께 빠른 속도로 이동을 하며 전 세계로 퍼져나갈 수 있는 시대에 우리 인류가 하나의 가족으로 살아가고 있음을 절감하는 순간이었습니다.

불안과 공포를 느끼지 않을 수 없는 시간이지만 차분히 여기 이 자리에서 내가 할 수 있는 일을 하며 소외된 이들과 가난으로 더욱 힘든 시기를 보내고 있는 이웃에게로 시선을 돌리며 함께 돌보아야 할 사회적 책임이 우리 한 사람 한 사람에게 있음을 느끼는 피정의 시간이기도 했습니다. 어느 한 나라만이 방역을 완벽하게 한다고 해도 안전할 수 없는 시대, 서로서로 돌보며 평화로운 세계를 함께 만들어나가야 할 필요가 절실하게 대두된 시대, 많이 가진 나라들이 먼저 손 내밀고 따스하게 나눌 수 있는 정책을 시작해야 할 필요가 있는 시대라는 생각도 함께 나누었지요. 지성인들의 역할과 안내와 사람을 소중히 여기고 아끼는 사람들의 중요함이 더욱 부각되기도 한 순간이라는 생각을 합니다.

내가 서 있는 여기 이곳에서 내가 할 수 있는 일들을 차분히 실천해나가려고 노력합니다. 모든 일은 우선 나부터 실천하는 일에서 시작하는 것이라는 생각이 듭니다. "아무리 견고한 성이라도 개미가 드나들 곳은 있다"라는 말에서 희망을 길어 올리며, 내가 하는 작은 실천들이 모여 큰 강물이되어 흐를 수도 있다는 희망의 속삭임을 듣습니다.

내가 마련한 광야인 조용한 서재나 산림원의 둘레길, 후투티들이 놀러 오는 넓은 잔디밭, 키 큰 소나무들이 새파란 하늘을 배경으로 서 있는 소나무 산책길을 걸으며 마음에 떠오르는 침묵의 소리를 들으며 나아갈 방향과 마음의 중심을 잡는 시간을 가집니다.

스스로 나의 삶을 절제하는 것에서 출발하고 싶어집니다. 우선 책상 서랍부터 정리하기, 오래된 물건들, 쓰지 않으면서도 욕심으로 모아둔 여러 가지 물건들을 정리해 제자리에 갖다두기, 나누어 쓸 수 있도록 공용서랍장에 정리해두기, 단순화하며 사는 방법을 하나하나 실천하기 등 나 자신이 실천할 수 있는 것들의 목록을 적어두고 마음에 새기며 나의 삶을 조금 불편하게 살면서 시간을 벌고 조금씩 해결의 실마리를 찾는 작업을 일상에서 실천하기로 마음을 먹습니다.

ⓒ 조현숙

사람의 온기 스민 다큐멘터리를 만드는 사람

우리 사회가 아무리 이기주의적이고 천박한 자본주의가 뒤죽박죽일지라도 선한 마음을 실천하는 사람들은 어느 사회에나 빛을 발하고 있기 마련입니다. 사람은 기본적으로 이기적인 존재일지라도 이타적인 마음이 공존하는 존재라고 생각합니다. 이기적인 본성에도 불구하고 이타적으로 행복하겠다고 결심하고 훈련해 이타적인 마음을 발전시켜 나갈 수 있는 존재가 인간이라고 할 수 있습니다. 그런 사람들 덕분에 우리 사회가 청량하게 유지되는 게 아닌가 생각합니다.

남수단에서 청소년들과 한센인들, 병자들의 곁에 가장 낮은 자로 내려가 자신의 사랑의 삶을 살며 희망이 없는 곳에 희망을 뿌리며 살다가 사람들 마음속에 별이 된 이태석 신부의 삶에 대한 영상인 〈울지 마 톤즈〉 다큐멘터리를 제작한 구수환 피디는 불교 신자라고 합니다. 특정 종교를 넘어서서 사람을 기본에 두고 따스한 영상을 만들어낸 그의 이야기는 나의 마음을 어디에 두고 살아야 하는지에 대해 다시 생각하게 하는 맑은 샘물 같은 영향을 끼치고 있습니다.

제2의 이야기로 구수환 피디는 〈부활〉이라는 다큐멘터리를 만들었습니다. 이태석 신부님이 아끼고 사랑하며 희망의 씨앗을 뿌렸던 청소년들이 10년이란 긴 세월이 흐른 뒤, 이태석 신부님과 같은 삶을 남수단의 여러 분야에서 살고 있더라는 이야기입니다. 어떤 아이는 기자로, 어떤 아이는 의사로, 공무원으로, 약사로 사회의 여러 곳에서 자신의 꽃을 피우며 잠재능력을 발휘하고 있는 것을 보았다고 합니다. 그들의 치료를 받는 한센인 마을의 한 할머니는 "이태석 신부가 살아 돌아온 것 같다"고 말하는 모습을 화면에서 볼 수 있었습니다.

한 알의 작은 씨앗이 떨어져 풍성한 열매를 맺는 것을 눈앞에서 볼 수 있는 기쁨의 이야기입니다. 사람의 인간성에 대한 희망의 새싹을 느낄 수 있습니다. 지구촌 마을에서 백혈구 같은 사람들이 곳곳에서 자신의 일을 수행하는 일은 지구를 살리는 일과 연관되어 있음을 느낍니다. 마음이 차분해지고 흐뭇해집니다.

사람이 꽃보다 아름답다고 노래한 목소리를 기억하며, 사람을 사랑하는 일을 실천해오는 사람들과 그 진실한 사랑의 이야기를 다큐멘터리로 만들고 기억하고 세상에 확산시키는 일을 하는 이들의 아름다움은 말로 표현할 수 없을 정도로 큰 울림과 떨림을 가져옵니다.

엄마의 집

　엄마가 사시는 경북 상주의 집을 향해 주말이면 가끔 고속도로를 이용합니다. 상주 영천 고속국도를 향해 현재 나의 생활의 터전인 경주의 한 아파트 주차장에서 북안 IC로 가는 방향으로 자동차를 몰고 갑니다. 한 시간 삼십 분 정도 고속도로를 달려가면 엄마가 계시는 상주에 도착합니다. 어릴 적 다니던 길에 새로운 건물들이 들어서고 평평한 길이 만들어지고 예전에 없었던 상점들이 정돈되어 있는 것을 보아도 오랜 흔적들이 남아있는 것을 느낄 수 있습니다.

　가는 길은 즐겁습니다. 계절의 변화를 솔직하게 보여주는 산과 들, 강물과 하늘, 그리고 간간이 보이는 사람들의 집과 논, 들판 가운데 설치되어 있는 야채를 재배하는 비닐하우스의 하얀 모습과 가축을 키우는 우사와 그 안에 누런 소들이 이리저리 앉아있거나 서 있는 모습, 천천히 움직이는 모습을 지나가는 길에 보며 나는 엄마의 얼굴을 생각하며 고속도로를 달려갑니다.

　엄마 집 가는 길목에서 자연스럽게 엄마가 좋아하시는

물건들을 사러 마트에 들르게 됩니다. 여덟 개로 포장되어 있는 요거트를 한 묶음 사고, 도토리묵을 한 모 사고, 소고기와 반달 모양의 바람떡과 사탕 한 봉지, 초콜릿이 묻혀 있는 가느다란 비스킷 몇 통, 가지와 오이 등을 장바구니에 담습니다.

어린 우리를 낳으시고 거두시고 자라서 독립해 가정을 꾸리는 모습을 지켜보시던 엄마의 눈길이 생각납니다. 어린 나의 발에 양말을 신겨주시던 모습도 아련히 생각납니다. 내복을 입혀주시고 초록색 양말을 신겨주시던 손길, 이제 엄마는 마음의 밭에 자식들을 담아두시고 햇살 드는 안방에서 가끔 꺼내 보시며 추억을 손질하시며 살고 계십니다.

자식들이 모두 공유하고 있는 엄마 집의 비밀번호를 누르고 문 앞에서 "엄마!" 하고 길게 부릅니다. 금세 엄마의 얼굴에는 반가운 미소가 퍼집니다.

"니가 웬일이냐? 언제 왔어, 어떻게 왔어! 잘 지냈냐?"

반가워서 엄마는 늘 그렇게 말씀하십니다. 언제나 같은 말씀이십니다. 전화로 미리 가겠다고 말씀을 드리면 엄마는 미리 앞질러 걱정을 하십니다. 안전하게 천천히 운전해서 오라고, 삼십 분 전에 또 전화를 하십니다. 운전 중에는 통화를 할 수 없다고 말씀을 드렸으나 걱정이 많이 되시는가 봅니다. 그래서 어느 순간부터 전화 없이 도착해서 전화를 드리거나 바로 문을 열고 들어가게 되었습니다. 엄마가 자식 걱정을 하시는 모습이 안타까운 마음이 들더군요. 뜻밖의 깜짝 선물처럼 나타나야겠다는 마음을 먹었습니다.

엄마께 드리는 나의 선물은 청소를 해드리는 것입니다. 세탁실을 둘러보고 보일러실도 둘러보고 베란다와 큰방, 작은방, 싱크대 서랍 등을 열어보고 버릴 것들은 정리하고 먼지를 닦고 가스레인지의 기름때를 닦아도 보고, 건전지가 교체할 때가 되었는지 살펴보고, 후라이팬을 새것으로 사야 할 때가 되었는지도 살펴보곤 합니다. 어떨 때는 종이상자에 가득 재활용할 쓰레기들이 모일 때도 있습니다. 엄마의 손을 덜어드릴 수 있어서 좋습니다. 청소를 해드릴 수 있어서 좋습니다. 물걸레를 빨아서 밀대에 붙여 미세먼지를 닦아냅니다. 엄마께 감사의 마음을 표현하는 나만의 조그만 방법이라 할 수 있습니다.

"내가 하면 된다, 저쪽에서 재활용 분리수거를 하면 되는데. 뭐하러 네가 가져가냐?"

엄마의 부드러운 만류가 나의 귀에 자장가처럼 들려옵니다. 엄마, 예쁜 우리 엄마, 감사합니다.

연분홍 진달래 꽃길 속을 걸어가는 아이들

———

　일터에서는 늘 어린 초등학생들, 활발하게 움직이는 중학생들, 그리고 제법 의젓한 고등학생들이 찾아와 수련활동을 함께 하며 엮어가는 이야기들로 펼쳐지는 일상입니다. 계절의 변화에 따라 매년 다른 향기를 내며 진행되는 시간들로 엮어집니다. 경주의 동남산 자락에 위치해 있는 나의 일터, 어린 벗들이 싱그러운 목소리로 와글거리며 화랑의 문을 통과하고 새 화랑이 되어 하루 수련 활동을 체험하는 소중한 일들이 일어나는 곳입니다.

　2022년 어느 봄날, 경북의 한 고등학교 남학생들이 화랑호연지기 과정 체험활동을 하러 들어왔습니다. 얼굴은 어리지만 소나무처럼 큰 키와 씩씩한 기상을 뽐내며 활기찬 표정의 첫인상을 한 젊은이들이 60여 명이 왔던 날이었습니다. 그들은 학교를 잠시 벗어나 새로운 곳에서의 체험에 상기된 표정들을 하고 있었지요. 어찌나 예쁘던지 나도 모르게 기쁨의 미소가 지어지던 날이었습니다.

　청소년들을 만나면 언제나 기분이 좋아집니다. 이른 아

침 맑은 물로 세수한 듯한 상큼한 기분이 듭니다. 이들이 바로 우리 사회의 건강한 미래이며 그들의 눈동자들을 바라보면 가슴속에서 무언가 힘찬 기운이 용솟음치는 것을 느낍니다. 그들의 기운으로 나도 덩달아 힘을 내며 더욱 즐겁게 살아가기도 합니다.

그날의 고등학생들은 오전에 계획되었던 국궁체험으로 이순신 장군이 무과에서 활쏘기를 했던 거리를 실제로 느껴보며 과녁을 겨냥해 포즈를 취하기도 하고 활의 명칭과 활쏘기의 기본자세와 화살 점검하는 방법, 화살 먹이는 방법, 깍지 끼기 등 안전한 활쏘기 방법에 대해 익히고 실제로 화살을 당겨 과녁에 맞추어보는 체험 시간을 가졌습니다. 과녁을 조준해 맞히면 울리는 축하의 소리에 신명을 올리며 점점 잘 쏘는 기량을 보여주기도 했지요. 처음 만나는 국궁임에도 고등학생들의 넘치는 에너지로 이곳저곳에서 과녁을 명중하는 소리들이 울려 퍼지곤 했답니다. 그들은 맛있는 점심을 먹고 난 후 교육원 내의 소나무길을 산책하거나 포토존에서 스마트폰으로 인증샷을 찍기도 하며 잠시 쉰 후 동남산 트레킹에 나섰습니다. 화랑의 집에서 두 조로 나누어 인원을 확인하고 물을 한 병씩 들고 동남산 트레킹을 시작했지요. 멋있는 소나무가 큰 키를 자랑하며 하늘을 우러르는 정원을 지나고 국궁장의 잔디밭을 걸어 헌강왕릉으로 가는 길에 접어들었습니다. 한 줄로 죽 늘어서서 걸어가고 있었습니다.

　산에는 봄이 오고 있었습니다. 어린 새싹들이 연둣빛으로 조금씩 조금씩 움터오고 있었답니다. 국수나무 가느다란 가지에도 새끼손톱 크기의 어린싹들이 맺혀있는 것을 보았지요. 봄이 오는 길목임을 느낄 수 있었답니다. 조금 걸어가면 작은 계곡을 지나고 야트막한 오르막길이 나옵니다. 소나무의 뿌리들이 굵게 땅 위로 동맥처럼 드러난 부분들이 있는 오르막길을 조금 지나면 헌강왕릉에 이르게 됩니다. 아이들은 그 길로 한 줄씩 올라가고 있었습니다. 아하, 바로 그 순간, 검은 산기슭 이곳저곳에 연분홍 진달래들의 무리가 환하게 꽃등을 켜고 모여있는 것을 보았습니다. 무리 지어 피는 꽃, 잎새도 없이 꽃부터 먼저 환하게 웃는 봄 진달래들이 우리를 맞이하는 듯했습니다. 아이들 뒤에서 걸어 따라가면서 꽃길 속을 걸어가는 청소년들의 어깨와 머리카락과 기린처럼 긴 다리의 걸음을 지켜보았답니다. 흐뭇한 마음이 저절로 드는 순간이었지요. 산의 기운과 연분홍 진달래의 화사한 기운과 봄 햇살의 맑고 따사로움이 그들에게 스며드는 듯했습니다.

　인생의 문을 여는 시기인 청소년들, 삶의 고비에서 문득 지치고 힘들 때 이날 받은 이 기운이 그들에게 힘을 주기를 기원하며 걸어간 동남산 헌강왕릉 가는 길이었습니다.

동궁과 월지에 어리는 달빛

―――――

경주의 동남산 자락에 있는 나의 일터로 향할 때면 그날 아침의 기분에 따라 가는 길의 방향을 선택하기도 합니다. 어느 날은 첨성대를 오른편에 두고 가는 길을 택하기도 하고, 또 어느 날은 대릉원 후문을 지나고 쪽샘길을 지나고 팔 우정에서 우회전을 해 선덕네거리로 향합니다. 가는 길의 노정을 달리하면 새롭게 보이는 풍경을 만날 수 있기에 일삼아 다른 길을 선택하기도 합니다.

동궁과 월지를 향해 가는 길의 왼편에는 연꽃과 목화꽃을 가꾸는 손길들이 늘 부지런히 계절에 따라 움직이며 준비를 하는 모습을 볼 수 있습니다. 경주를 찾는 사람들을 맞이하는 손길, 꽃 가꾸는 손길이 경주의 이곳저곳을 환하게 만들고 있습니다. 선덕네거리를 지나 조금 더 직진해 운전해나가면 왼편으로 동궁과 월지가 나옵니다.

먼 옛날 고려의 왕건과 신라의 마지막 왕 경순왕이 만나서 이야기를 나누었다는 그곳, 나라가 망한 후 버려지다시피 한 그곳이, 오리와 기러기만이 노니는 곳이라 해 안압지로 알려졌던 쓸쓸했던 그곳이 동궁과 월지로 다시 복원되어 지금은 많은 사람들이 주말이나 여름방학 혹은 겨울방학이면 찾아와 산책을 하며 옛이야기도 나누는 고즈넉한 곳이 되었습니다.

2021년 봄 어느 날이었습니다. 경주 시민이 된 지 5년 즈음 된 그해, 우리 가족 넷이서 동궁과 월지로 달빛산책을 했습니다. 봄밤의 훈훈한 정취와 약간 어둡지만 달빛이 비치어 어릴 적 외갓집의 정다운 마당과 외할머니의 음성을 연상하게 하는 분위기였습니다. 오래된 세월과 더불어 자연스럽게 조성된 동궁의 둘레길은 나무들이 긴 시간들을 느리게 느리게 이야기하며 높게 서 있었습니다. 천천히 걷는 발길을 따라 연못에 어리는 달빛과 간접조명으로 은은하게 비치는 궁궐의 모습이 상상 속에서 현실로 걸어오는 듯했습니다. 그곳에 머물렀던 먼 역사 속의 사람들과 현재 이곳을 찾아오는 이들과의 이야기가 소리 없이 두런두런 이어지는 듯 느껴졌습니다. 역사는 지금 이곳에서 다시 힘을 발한다는 생각이 들었지요.

동궁과 월지를 찾은 많은 이들과 함께 그곳을 거닐며 생각에 잠겼습니다. 옛날이 오늘에 되살아오고 있다는 생각을 하게 되었고, 그곳을 함께 거니는 사람들의 모습이 이 땅을 함께 딛고 책임지며 살아가고 있는 지금의 우리라는 생각을 하게 되었지요. 먼 조상님네들의 흔적을 지금 이곳에서 상상의 세계에서 만나며 그들이 겪고 살았을 삶의 진실함과 절실함 그리고 땀방울들이 오늘의 우리가 살아내고 있는 그것과 연결되어 있음을 느꼈습니다. 그러니 동궁과 월지를 함께 걷고 있는 이름 모를 사람들이 더욱 친밀한 느낌으로 다가왔습니다.

ⓒ 조현숙

소쩍새 낭랑한 목소리 들리는 봄밤

———

2022년 삼월, 어느 이른 봄날이었습니다. 일터에서는 여러 교육 요원들이 새 학기의 교육 활동이 본격적으로 시작되기 전, 여러 가지 프로그램을 미리 시행해보고 점검하며 보완하는 시간을 가집니다. 이곳에는 여러 사람의 힘이 한 올 한 올 합쳐져서 종합적인 예술을 이루어내는 과정들로 구성된 프로그램들이 많습니다. 혼자서의 힘으로는 전체 활동을 풍요롭게 완성시켜나가기가 어려운 프로그램들, 개인의 수고로움과 활동이 잘 짜맞춰져야 전체의 조화로운 활동으로 연결되어 마침내 학생들에게 스며드는 프로그램으로서의 완성도를 높일 수 있는 것들이 많습니다. 전체와 개인의 원활한 작용, 이기와 이타가 적절하게 버무려져야 완성의 꽃이 향기롭게 피어나는 프로그램들이 거의 대부분을 차지하고 있다 할 수 있습니다. 그러므로 사전에 프로그램을 점검하고 발생할 수 있는 일들을 예상하고 미리 준비를 갖추며 이야기를 나누는 시간을 가집니다.

올해도 여느 해와 마찬가지로 시행될 프로그램을 점검하

고 준비하면서 숙박형 수련 과정에의 마지막 날 밤 다짐 의식을 사전에 연습해보는 시간을 가졌습니다. 저녁밥을 동료들과 함께 먹고 난 후, 밤이 오기를 기다리고 있었습니다. 횃불을 들고 다짐 의식을 준비하는 화랑대사 다섯 명의 역할을 맡은 선생님들이 신라 화랑의 의복을 입고서 의식을 준비하고, 화랑장의 역할을 맡은 두 명의 선생님들은 강당에서 대본을 미리 읽어보며 준비하고, 화랑의 집 각 위치에서 촛불의식을 진행하는 여러 선생님들이 자신의 역할을 수행할 준비를 미리 하고 있던 시간이었습니다.

분주하게 움직이던 어느 순간, 키 큰 소나무 숲길 사이로 소쩍새의 맑고 투명한 목소리가 들려오기 시작했습니다.

"소쩍, 소쩍, 소쩍…. 소쩍, 소쩍, 소쩍…"

고요한 사방, 어둠이 내리는 봄밤이어서 더욱 청아하고 애절하게 들려오던 소쩍새의 목소리가 화랑의 집 양쪽 옆에 있는 화백반, 국선반 생활실 기와지붕 위에도 돌계단에도 널리 퍼져나가고 있었습니다. 우리들은 잠시 분주한 손길을 멈추고 봄밤을 애절하게 수놓고 있는 소쩍새의 목소리에 귀를 기울였습니다.

자연의 흐름 속에 만물이 생동하는 봄, 깊어가는 봄밤에 자신의 목소리로 존재감을 알리던 소쩍새의 울음은 어린 시절의 동화 속으로 나를 이끌어주었습니다. 세월은 가도 소쩍새의 노래는 올해 봄에도 이어지는구나 하는 반가움과 이제는 가고 없는 사람들, 인생의 정원에서 함께했던 가족들과 친구들을 잠시 생각나게 해주었습니다.

목소리가 너무 애잔해 무딘 마음도 잠시 풀어놓는 소쩍새의 울음 때문에 봄밤이 더욱 의미깊어졌습니다. 소쩍새의 얼굴을 보고 싶어 자료를 찾아보았습니다. 올빼미과에 속하며 야행성이라 낮에는 그 모습을 잘 드러내지 않고 밤에 활동하는 새라고 하더군요. 부리부리한 큰 눈, 노란 홍채와 호기심과 지혜로움이 반짝이는 검은 눈동자를 만날 수 있었답니다. 날카로운 발톱과 회색과 갈색의 깃털로 온몸을 감싸고 있는 예사롭지 않은 표정의 소유자 소쩍새를 자료 화면에서 만났습니다. 봄에 찾아와 여름까지 그 모습을 보여준다는 애잔한 목소리의 주인공을 만나 봄밤이 더욱 향기로웠습니다.

'봄날은 간다' 노래에 어린 분홍빛 치마

─────

긴 겨울이 지나고 어느 날 바람결에 기적처럼 봄이 살짝 묻어나는 순간이 있습니다. 아주 짧은 순간이어서 금방 그 느낌은 사라져버리지만 그런 행운을 만난 날은 '봄날은 간다'라는 노래를 듣고 싶어집니다. 며칠 지나지 않아 순식간에 매화가 무채색의 가지에서 잎도 없이 꽃부터 먼저 피어나기 시작할 것이 마음에 그려지고, 추운 겨울을 이긴 매화는 연분홍 꽃잎과 풍성한 꽃수술을 달고 봄이 왔음을 알리며 그 향기를 온 사방에 퍼뜨릴 것이 눈에 선해 괜히 마음이 분주해지고 조금 들뜨기도 합니다.

봄은 그렇게 나에게 연분홍으로 가장 먼저 다가옵니다. 연한 분홍빛의 매화가 피면 매화 가지 한 가지를 꺾어와 작은 도자기 화병에 꽂아두고 책상의 한곳에 가까이 두고 자주 바라봅니다. 내가 봄을 즐기는 하나의 길이라 할 수 있지요. 그리고 '봄날은 간다'라는 제목의 노래를 찾아 들어봅니다. 여러 가인들이 부르는 노래는 그 목청과 표정과 애잔함이 조금씩 다르게 다가오기도 합니다.

이 노래를 찾아 들을 때마다 초등학교 3학년 시절이 떠오릅니다. 학교에서 열린 웅변대회에 참가한 어느 날의 순간이 추억으로 다가옵니다. 아마 어느 동화를 웅변으로 이야기했던 기억이 희미하게 남아있지요. 어린 눈에 넓었던 운동장과 전교생이 모여있었던 공간이 둥글게 떠오르고 부상으로 받았던 스케치북과 크레파스가 생각납니다. 집으로 돌아오던 길, 크레파스의 색깔이 너무 예뻐서 열어보았던 기억이 함께 있습니다. 여러 가지 색의 크레파스가 가득 차 있던 통에서 특히 분홍색이 어찌나 곱게 느껴졌던지 분홍색 크레파스를 꺼내어 한참을 뚫어져라 쳐다보았던 순간이 있었습니다.

이후 분홍색이 나의 삶에서 조금 멀어지고 여러 다양한 색채들과 함께했던 시간들이 쌓이고 세월이 되어 흘러갔습니다. 삶의 여정에서 만나는 다채로운 빛깔들이 모여서 다양한 삶의 양상을 만들어내던 시간들이 함께했었지요. 이제 다시 돌아온 세월의 시간 앞에서 연분홍이 더욱 고와보이는 것을 느낍니다. 마치 먼 길을 돌아 고향에 돌아와 쉬는 평안한 마음을 연분홍색의 매화와 벚꽃과 봄날의 야생화를 보며 느낍니다.

하얀 두루마기를 입고 하얀 백발을 한 모습으로 애절하게 부르는 소리꾼의 노래와 함께 연분홍 치마가 좋아지는 세월이 되었음을 느낍니다. 한복을 입고 가슴 깊은 곳에서 우러나오는 목소리로 절절하게 노래 부르는 소리꾼의 모습이 감동을 자아냅니다. 봄날의 애절함을 선물해주는 소리꾼을 만날 수 있는 연분홍 봄날이 나의 삶에도 새롭게 다가옴을 감사하는 마음이 됩니다.

"연분홍 치마가 봄바람에 휘날리더라

오늘도 옷고름 씹어가며 산제비 넘나드는 성황당 길에

꽃이 피면 같이 웃고 꽃이 지면 같이 울던

알뜰한 그 맹세에 봄날은 간다

새파란 풀잎이 물에 떠서 흘러가더라

오늘도 꽃 편지 내던지며 청노새 짤랑대는 역마차 길에

별이 뜨면 서로 웃고 별이 지면 서로 울던

실없는 그 기약에 봄날은 간다

열아홉 시절은 황혼 속에 슬퍼지더라

오늘도 앙가슴 두드리며 뜬구름 흘러가는 신작로 길에

새가 날면 따라 웃고 새가 울면 따라 울던

얄궂은 그 노래에 봄날은 간다"

ⓒ 조현숙

넌 참 소중해!

───────

아침 8시 즈음이면 일터를 향해 출근길에 오릅니다. 여느 때처럼 오늘도 "안전하게, 건강하게, 기분 좋게!"를 마음으로 생각하며 자동차의 시동을 겁니다. 천천히 아파트를 빠져나오고 유턴을 하기 위해 도로로 접어듭니다.

차량 통행이 비교적 많은 곳이라 천천히 운전을 하며 빨간 신호등에서 멈춰 서 있던 어느 날 아침, 흐뭇한 광경을 보게 되었습니다. 파란 신호등이 들어오고 횡단보도를 따라 보행자들이 건너기 시작했지요. 신호등이 막 바뀌려던 순간이었습니다.

경주초등학교에 다니는 4, 5학년 학생들인 듯한 한 무리의 남학생들이 횡단보도의 끝자락에서 한 학생을 염려하는 눈빛으로 바라보며 고개를 숙이고 등을 토닥이고, 무릎을 만져주고, 염려하는 말을 건네는 모습이 눈에 들어왔습니다. 신호가 바뀌어 출발하려던 차들도 학생들을 배려하며 서서히 움직이던 순간이었지요.

사람들이 횡단보도를 건너기 시작하면 신호등 불빛에 상

관없이 사람들이 모두 잘 건넜는지를 확인하는 습관으로 도로를 살펴보던 순간이었습니다. 아마 한 학생이 서둘러 건너려다가 혹은 친구들의 발걸음에 맞추려고 급한 걸음을 내디뎠거나 해 넘어졌던가 봅니다. 친구들이 모두들 염려하는 눈빛으로 한 친구를 보살피며 고개 숙여 그 친구의 얼굴을 보며 괜찮은지 물어봐주던 모습의 잔상이 오래 남았습니다. 형산강의 물빛과 강변의 갈대숲을 바라보며 건너던 서천교, 동궁과 월지를 지나 일터에 도착할 때까지도 그 아이들의 모습들이 자꾸 생각났습니다.

함께 가는 아이들, 손잡고 함께 걸어가는 아이들, "너의 아픔이 나의 아픔이야"라는 느낌을 온몸으로 보여주던 초등학생들의 따뜻한 모습에서 생각합니다. 인간은 혼자서는 살아갈 수 없는 존재이며, 서로 연결되어 있으며 하는 일 하나하나가 세상 전체에 영향을 미친다는 사실을 다시 확인하는 순간이었습니다.

어느 생태학자 한 분이 이야기한 21세기의 새로운 인간상을 생각합니다. 새 인간상은 공존하는 인간상이며 그를 호모 심비우스(Homo Symbius)라 한다는 말이 생각납니다. 자연계에서 치열한 경쟁이 존재하지만 끝까지 살아남은 비결은 공존에 있다는 그분의 말에 동의하고 싶습니다.

초등학생 아이들이 보여준 흐뭇한 광경은 자연계의 일부인 인간이 나아갈 새로운 상을 제시하고 있는 듯해 내면의

기쁨이 솟아오르던 순간이었습니다. 아이들에게서 더 큰 희
망을 보는 아침 시간이었습니다.

© 조현숙

산림원에 웨딩사진 촬영하러 온 신랑과 신부

———

일터가 있는 경주의 새남길 근처에 산림원이 있습니다. 여러 종류의 수목들과 꽃들이 계절마다 색다른 얼굴들을 보여주고 있습니다. 가장자리에 둘레길이 조성되어 있고 산림원 안으로 수많은 나무들 사이로 난 오솔길들은 걷기를 좋아하는 사람들을 자연스럽게 모이게 하며 걷는 동안 바라보는 하늘과 나뭇잎들의 움직임과 상쾌한 숲속의 향기는 맑고 평화로운 마음이 들도록 합니다. 여러 종류의 다양한 나무들은 온갖 새들을 불러 모으고 그들이 자아내는 노랫소리와 상쾌한 초록의 바람은 이곳을 찾는 이들의 마음을 더욱 맑고 차분하게 만들어주는 듯합니다.

이른 아침부터 산책하는 사람들이 조용히 자신의 걸음을 걷고, 어떤 이는 마라톤 복장으로 자신의 속도로 달리기를 하는 모습도 볼 수 있습니다. 많은 이들이 산림원을 자신의 삶의 일부로 활용하는 모습이 참 자연스럽고 흐뭇하게 생각되는 풍경입니다.

어느 봄날, 하얀 드레스를 예쁘게 차려입고 꽃다발을 손에 든 어여쁜 예비 신부와 검은 양복을 멋지게 차려입고 상쾌한 미소를 얼굴에 가득 품고 있는 예비 신랑의 모습을 만났습니다. 그들 앞에 큰 전문가용 사진기를 들고 사진사가 동반해왔더군요. 결혼식을 앞두고 웨딩 촬영을 하러 온 젊은 예비부부였습니다.

하얀 드레스와 초록의 나무들을 배경으로 더욱 상큼한 풍경을 만들어내고 있었습니다. 인생의 새로운 출발선에 선 그들은 환한 꽃나무들 자체로 보였습니다. 각자 다른 환경과 부모와 지역에서 자라난 사람이라는 소중한 꽃나무들이 하나의 가족이 되겠다는 약속을 하고, 함께 바라보며 나아갈 인생의 항해에서 첫 출발을 시작하는 그들을 축복하는 마음으로 한참 바라보았습니다. 순풍도 있을 터이고 역풍도 있을 테지요. 험한 파도와 거센 물결과 잔잔한 파도와 태양이 그들과 함께할 것입니다. 한 개인의 인생 그 자체가 하나의 거대한 역사라고 할 수 있으니까요.

환한 웃음과 믿음직한 표정으로 서로를 바라보며 한껏 행복한 미소를 짓던 젊은 예비부부를 보면서 그들을 응원하며 축복하고 싶은 마음으로 나도 덩달아 흐뭇한 미소를 지었던 순간이었습니다.

인생을 항해에 비유해 표현하는 말이 많지요. 지금의 아프리카 대륙 끝에 있는 희망봉은 처음에 사람들이 무서워서 가까이 가보지 못한 곳이었다고 합니다. 희망봉은 처음에

'폭풍의 곶'이라고 불리던 곳이라고 하지요. 항해하는 배들이 접근하기 꺼리는 위험한 곳이어서 처음에는 가까이 가지 않았다는 말을 들은 적 있습니다. 그러나 도전하는 삶으로 '폭풍의 곶'을 넘어 인도양이라는 잔잔한 바다를 발견한 옛사람들처럼 이들 예비부부가 그들의 인생 항로를 도전과 용기로 가득 채우고 마침내 그들의 항구에 도달하는 여정을 용감하게 개척해나가기를 희망하는 마음이었습니다.

다육이를 전해주던 손길

———

2022년 삼월 봄날이었습니다. 새로운 사람들이 일터에 들어왔습니다. 날마다 일터의 이곳저곳을 청소해주시는 분들이십니다. 이분들은 교육요원들보다 한 시간 정도 일찍 나와 사무실 창문을 활짝 열고 업무용 책상 위를 미리 물걸레로 깨끗이 닦고, 쓰레기통도 깨끗하게 비워주십니다. 파쇄기의 커다란 비닐봉투가 가득 차면 갈아두기도 하고 부지런히 일터의 여러 곳을 청소해주시는 분들이시지요. 단발머리를 하시고 소녀 같은 모습의 한 분은 환갑이 지나셨고, 짧은 머리로 시원한 스타일을 좋아하시는 한 분은 환갑이 다가오는 분이셨습니다. 다정한 자매처럼 두 분은 사이좋게 일을 나누어 하시며 두런두런 이야기도 하시는 모습을 보여주십니다.

날이 더우나 추우나 한결같이 아침 일찍 사무실을 청소하시고 먼지를 깨끗하게 닦아주십니다. 늘 상큼한 인사를 먼저 하시고 말끔하게 청소를 해주시는 분들로 인해 기분 좋은 하루를 시작하지요.

그러던 어느 날이었습니다. 한 분이 집에서 키우시던 별처럼 생긴 다육이를 가져오셨습니다. 여느 날처럼 서로 기분 좋은 인사를 나누며 덕담을 한마디씩 하고 자리에 앉았지요. 한 분이 나에게 다가오더니 꽃을 참 좋아하는 것이 보여 직접 집에서 가져왔다면서 나에게 다육이를 전해주었습니다. 어느 선물보다 반가웠습니다. 마치 담 너머로 부침개와 감자, 고구마를 나누었다던 우리 옛 선조들의 마음을 느낄 수 있었지요.

　평소에 시간이 날 때마다 작은 관심으로 사무실의 분위기를 초록이들이 많이 함께하는 곳으로 만드는 작업을 조금씩 조금씩 해왔습니다. 버려진 화분을 살려 초록잎 하나를 옮겨 심어두기도 하고, 새싹이 길게 자라나면 분갈이도 해 화분의 수를 늘려가기도 하고, 산소가 팡팡 나오는 건강한 사무실 분위기를 만드는 소소한 움직임을 해온 지 십 년 정도가 되어갑니다. 그런 나의 작은 움직임을 이분은 보고 있었던 듯합니다.

　그분이 전해준 다육이를 화분에 정성스럽게 옮겨 심었습니다. 물을 주어 화분의 흙을 미리 촉촉하게 만들어두고 꽃삽으로 꽃이 올 자리를 파두고 옮겨심으며 흙을 꼭꼭 눌러주고 건강하게 새로운 흙에서 뿌리를 잘 내리기를 바라는 마음속 말을 해주었습니다.

　꽃과 나무와 같은 식물들이 하는 말에 귀를 기울이면 새로운 의미를 발견할 수 있습니다. 새로운 곳에서 뿌리를 내리고자 하는 꽃의 노력과 고통과 결실을 그 잎새의 표정을 보면 알 수 있을 듯 합니다. 잘 적응하기를 희망하는 마음이었습니다. 초록의 생명 한 포기를 나에게 건네준 하얀 단발머리 소녀분께 감사하는 시간이었지요.

통일전 가는 버스정류장과 두 청노인

———

대부분 일터로의 출퇴근은 자동차로 혼자 운전해가며 생활해오고 있습니다. 그러던 어느 날 일이 있어 출근길에 대중교통을 이용할 기회가 있었습니다. 집에서 평소보다 좀 더 일찍 나섰지요. 옛날 우리들이 사용했던 교통 수단의 대부분은 시내버스와 시외버스, 그리고 기차 혹은 도보였다는 생각을 새삼 다시 떠올리게 되었습니다.

지난날 생각에 잠겨 여유로운 마음으로 시내버스를 타고 서천교를 지나 고속버스터미널에서 환승을 했습니다. 정류장 곳곳마다 일일이 다 멈춰서는 버스와 타고 내리는 승객들을 바라보며 평화로운 마음으로 일터까지 가는 버스를 이용했습니다. 직접 운전을 하지 않을 때의 여유를 즐기며 오랜만에 버스 타는 시간을 음미하고 있었지요. 성건동에 있는 중앙시장을 지나고 경주역으로 향하는 길에서 우회전해 팔우정으로 가다가 선덕네거리를 지나고 동궁과 월지를 지나고 배반네거리를 지났습니다. 간이 정류장마다 표시되어 있는 이전 정류장의 이름과 지금의 지명과 다음 정류장의 지명을 읽어보며 창밖을 내다보는 마음이 여유로웠습니다.

산림환경연구원이 시작되는 곳에서부터 시원한 나무들의 숲길이 시작됩니다. 초록의 키 큰 나무들이 서 있는 곳을 지나고 벼들이 자라고 있는 논을 지나서 고풍스러운 기와와 통나무 그리고 통유리창으로 지어진 예쁜 찻집이 있는 통일전 가는 길 바로 전에 있는 정류장에서 내렸습니다. 그 순간, 그 조그만 간이 정류장을 빗자루로 쓸고 닦고 하는 노인 두 분이 눈에 들어왔습니다. 두 분 모두 빨간 조끼를 입고 긴 빗자루로 천장의 먼지와 거미줄을 걷어내고 바닥을 쓸고 의자를 닦고 유리창을 청소하는 모습을 보았습니다. 청소를 하시면서 가끔씩 초록색 풀과 산과 바람을 바라보는 듯했지요.

아직도 정정하게 공공근로에 참여하고 계시는 청노인의 건장하신 모습을 뵙게 되어 감사한 마음이 들었습니다. 우리 사회의 기반을 만들어오신 세월들이 그분들의 얼굴과 주름과 눈동자와 약간 굽은 듯한 등에 그 모습을 드러내고 있었습니다. 우리 사회가 모두 감사하고 보살펴드려야 할 어르신들이라는 생각에 숙연해진 아침 출근길이었습니다.

이후에도 종종 아침 출근길이면 그분들의 활동하시는 모습들을 만날 수 있었습니다.

왕의 길을 걷는 사람들

──────

2022년 사월과 오월, 봄이 오는 길목에서 경주의 함월산 자락에 위치한 기림사 왕의 길을 사십 명의 동료들과 함께 걸어보는 시간이 있었습니다. '달을 품은 산'이란 뜻의 낭만적인 이름의 함월산 자락을 따라 '왕의 길'을 동료 교사들과 함께 세 시간 정도 걸었습니다.

"참 소중한 당신, 응원합니다!"라는 주제로 진행되는 교육가족 프로그램에 참가하는 길이었지요. 경북의 각지에서 학교 선생님들이 모였습니다. 스무 명씩 두 조로 나누어 '왕의 길'을 트레킹하면서 자연과 더불어 호흡하고 동료들과 이야기도 나누며 봄날의 산길에 푹 젖어드는 시간을 가졌습니다. 산길을 음미하며 걷다가 넓은 공터에서 함께 점심으로 김밥도 나누어 먹고, 바람과 공기와 하늘과 구름을 만나며 먼 신라의 이야기와 현재의 내가 연결되어 있음을 느끼기도 했습니다.

사월의 봄이 오는 산기슭에는 작은 야생화들이 봄맞이를 하고 있었습니다. 현호색이 노란 병아리 얼굴을 한 채 피어나 바람에 한들거리고, 애기똥풀과 양지꽃도 노랗게 해맑은 꽃 얼굴로 봄날을 노래하고 있었습니다. 인자암 입구에서 시작되는 '왕의 길' 낮은 산길에는 봄까치꽃이 연보랏빛으로 소복이 피어있었습니다. 낮은 곳에서부터 봄이 오듯이 새 풀잎들도 연초록으로 돋아나고 있었지요. 나무들도 새잎들을 피워내느라 분주한 모습이었습니다. 나무들은 제각각 자신의 사계절 생애에서 아기 시절인 듯 새끼손톱 크기의 연두 잎새들을 싹틔우고 있었습니다. 자세히 바라보니 나무들의 새순도 모두 다른 얼굴 모양을 하고 있더군요. 나무마다 새싹의 빛깔도 약간씩 다르게 움트고 있었습니다.

고대국가 신라의 신문왕이 왕궁인 반월성에서 출발해 아버지 문무대왕을 기리며 다녔던 길로 충과 효를 위한 여정인 '왕의 길'이었습니다. 그 옛길을 따라 지금 이 땅에 사는 우리가 걸어가며 아들인 신문왕의 마음이 되어 아버지를 그리워하기도 하고, 아버지 문무대왕의 마음이 되어두고 가는 아들을 바라보는 애잔한 마음과 삼국통일을 이루었지만 아직 국가의 기반이 탄탄하게 세워지기에 시간이 좀 더 필요했을 나라를 걱정하며 안녕을 기원했을 지도자로서의 마음을 간접적으로 느껴보기도 하면서 걸어본 길이었습니다. 굽이굽이 산길을 걸어가며 그 당시의 행렬을 상상해보기도 했지요.

프로그램에 참가한 40명의 교사들은 배낭을 모두 하나

씩 메고 좁은 길은 한 줄로 서서 걷고, 넓은 길은 두세 명씩 일행을 이루며 산길을 걸어 내려갔습니다. 산길은 주로 내리막길로 되어 있어 걸어가기에 다소 수월한 길이기도 했지요. 먼 옛날의 '왕의 길'을 걸어가는 일행들의 얼굴빛은 모두 숙연하기도 하고 기쁜 표정이기도 했습니다.

비교적 평탄하고 넓은 장소를 택해 길 명상의 시간을 갖기도 했지요. 산과 구름과 물소리, 바람 소리를 느껴보며 자신의 호흡과 걸음을 고요히 느껴보는 시간을 가졌습니다. 자기 자신의 몸과 마음을 회복하고 세상에 건강하고 좋은 기운을 퍼뜨리며 더불어 아름다운 세상을 함께 만들어나가고자 하는 여러 사람의 희망의 속삭임이었다는 생각을 합니다.

ⓒ 조현숙

수국꽃을 좋아하는 여인

수국을 유난히 좋아한다고 어느 날 나에게 말해준 일터의 동료가 있습니다. 처음 일터에서 만나던 날부터 씩씩하게 인사하고 다니며 분위기를 활발하게 만드는 씩씩한 여인입니다. 익숙하지 않은 야생화의 꽃 이름도 많이 알고 화초를 가꾸는 것을 좋아하며 철마다 피어나는 꽃을 일터의 이곳저곳에 놓아두어 분위기를 환하게 만드는 중년의 여인입니다. 그 여인을 만난 기쁨이 사계절의 향기를 따라 새록새록 솟아나고 있습니다.

취미가 비슷해 화초 가꾸는 것에 대한 이야기를 나누기도 하고 수국꽃을 바라보며 소소한 이야기도 나누는 시간을 가지는 즐거움을 함께합니다.

이른 봄에는 매화 한 송이를 조그만 유리병에 꽂아 일터 사무실에 살며시 놓아두었습니다. 그 꽃 한 송이로 사무실은 향기로운 봄으로 가득 찼습니다.

긴 겨울을 지나 어느 날 따사로운 공기가 스치더니 매화나무에 물기가 오르고 움이 트더니 다섯 장으로 된 꽃잎의 매화가 피어났습니다. 일터의 정원에도 매화들이 살짝 피어났지요. 그 봄날의 환호성을 이분은 일터의 여러분과 나누고 싶었으리라 생각합니다. 좋은 향기도 나누고 봄날의 꽃도 나누고 이타적으로 사는 것은 작은 관심이라는 생각이 들게 하는 분입니다.

매화 한 송이를 작은 도자기 화병에 살며시 꽂아둔 것이 시작이었습니다. 어느 날은 금낭화 몇 포기를 사무실 올라오는 계단이 시작되는 화단에 심어두었습니다. 복주머니처럼 생긴 금낭화의 꽃 얼굴들이 조롱조롱 한 가지에 여럿이 다정스럽게 피어나고 있는 것을 봅니다. 꽃분홍과 하얀색의 금낭화들이 복스럽게 피어나는 것을 보는 즐거움을 만났습니다. 그분은 매발톱 보랏빛 꽃도 두 포기 심어두었어요.

그분이 심어둔 꽃들을 바라보며 오가는 산책 시간이 더 즐거워졌습니다. 식목일에는 산딸나무를 일터의 동료들과 같이 심는 행사를 하기도 했습니다. 또한 미스킴라일락을 두 그루 금오정사 앞 정원에 심어두기도 했답니다. 보랏빛의 라일락이 지고 난 후 작은 꽃 얼굴을 가진 미스킴라일락은 제법 오랜 시간 동안 피어있습니다.

시간이 서서히 흐르고 그분의 손길은 계속되었습니다. 사무실로 향하는 돌계단 양옆에 커다란 수국 화분을 두 개 놓아두었습니다. 작은 꽃잎들이 수없이 많이 모여 커다란 꽃 얼굴을 만드는 수국은 바라보는 사람들의 마음을 풍요롭게 해주는 듯합니다. 출근길이 한결 순해지고 향기로와지고 아름다워졌습니다. 꽃들의 합창을 보며 출근하는 길이 아주 즐겁습니다.

오솔길 옆에는 페튜니아 두 화분을 심어두기도 했습니다. 짙은 보랏빛의 페튜니아와 꽃분홍 페튜니아가 나팔 모양으로 환호를 올리는 것 같습니다. 그분은 천사의 나팔이라는 이름을 가진 꽃을 큰 화분에 심어놓고 초록 잎이 점점 더 자라나는 것을 지켜보고 있습니다. 때가 되면 나팔처럼 큰 꽃들이 피어나고 그 꽃을 바라보는 마음이 환희로 가득차리라 상상해봅니다.

세상을 아름답게 하는 일에는 여러 가지가 있다고 생각합니다. 자신이 즐겁게 잘할 수 있는 일들로 작은 배려와 작은 소박한 마음들이 모여 주위를 편하고 아름답게 만드는 일이 가능하다는 것을 이분의 움직임을 보면 느낄 수 있습니다.

ⓒ 조현숙

새벽 세 시 대형청소차 일하는 소리음,
삐, 삐, 삐

———————

새벽에 잠이 깨어 잠시 새벽녘의 고요한 세계의 신비스러움에 젖어들 때가 있습니다. 그런 행운이 찾아온 날에는 모처럼 일찍 잠이 깬 소중한 시간을 잘 사용하고 싶어서 마음을 울리는 서울대교구 명동성당에서 영성 심리학을 강의하시는 분의 목소리를 찾아 듣습니다. 사람에 대한 이해와 따스하게 공동체를 이루며 잘 살아가고 싶은 소망에 2021년부터 가끔 찾아서 들어오던 강의입니다.

어느 날 새벽, 그날도 강의를 찾아 들으며 노트에 메모를 하고 마음의 근육을 단련시키며 명상의 시간도 가지던 날이었습니다. 아마 새벽 세 시 즈음이었으리라 생각됩니다.

"삐, 삐, 삐, 삐, 삐, 삐…"

단조롭지만 경계심을 불러일으키는 메시지를 주는 대형차의 후진하는 소리였습니다. 사방이 고요한 시각이라 더욱 크게 들리는 소리였습니다. 무슨 일인지 궁금해 창문을 살며시 열어보았지요. 초록색의 튼튼한 쇠붙이로 된 칸막이가 높게 달린 대형청소차였습니다. 이렇게 이른 첫새벽에 아파트를 청결하게 해주시는 손길들이었답니다. 모자를 눌러쓰고 작업복을 입고 장화를 신으신 두세 분의 아저씨들이 익숙한 몸짓으로 움직이는 모습이 보였습니다.

아파트 주민들은 거의 다 단잠에 빠져있는 새벽의 이 시각에 이분들은 재활용품이 담긴 자루들과 분리수거가 된 자루들과 쓰레기 종량제봉투에 들어있는 묶음들을 나르고 있었습니다. 사회의 필수인력이라는 생각이 들었습니다. 누군가의 손길로 내가 편한 잠을 자고 일상의 불편 없이 잘 지내고 있다는 생각을 다시 확인하는 순간이었지요.

사회에 꼭 필요한 인력들을 분류해놓은 것을 책으로 읽은 적이 있습니다. 그들은 의료인들, 요양보호사들, 간호사들, 교육에 종사하는 인력들, 먹거리를 공급하는 인력들입니다. 여기에 도시와 농촌의 일상의 쓰레기들을 말끔하게 청소해주는 인력들도 첨가하고 싶어집니다.

우리가 살아가는 사회조직의 여러 구성원들이 서로 연결망으로 밀접한 관련을 맺고 있음을 다시 한번 확인할 수 있는 소중한 시간이었습니다. 이후로 내가 할 수 있는 일을 찾아보았습니다. 내가 만날 수 있는 우리 아파트 관리자분들을 만나면 미소 지으며 따스하게 인사하기, 마스크 두 장씩 건네드리기, 여름에는 토마토와 포도, 가을에는 사과와 배

등을 나누어 먹기 등 작은 실천들을 찾아서 하며 감사의 마음을 표현하기로 결심하고 실천해오고 있는 날들입니다. 가장 먼저 나 자신이 기쁜 마음으로 행복해집니다.

ⓒ 조현숙

수레국화의 이름을 처음 알게 된 날

───────────   .

보드랍고 연약한 꽃잎들이 여러 개 모여 둥근 꽃 얼굴을 만들어보여주는 수레국화를 처음 꽃집에서 만났을 때가 생각납니다. 길을 걷다가 우연히 들르게 된 꽃집에서 눈에 띄는 꽃다발이 있었습니다. 연분홍빛, 청보랏빛, 연보랏빛의 꽃 얼굴이 참 예뻐서 한참을 들여다보다 한 다발을 사서 나왔습니다. 처음 보는 꽃이라 신기하기도 했고 가냘픈 모습이 마음을 끌어 그냥 나오기 힘들었지요. 당시에는 꽃 이름을 몰랐으나 그 꽃이 무엇인가 이야기를 하는 듯한 분위기가 느껴져 한 다발을 사와 투명 유리병에 꽂아두고 자주 바라보았습니다.

그로부터 삼십 년 정도 지난 어느 날 우연히 컴퓨터에서 야생화를 검색하다가 수레국화라는 이름을 가진 꽃을 보았습니다. 그 옛날 오래전 길을 걷다가 꽃집에서 본 그 보랏빛의 둥근 꽃 얼굴이 생각났습니다. 마치 초등학교의 오랜 친구를 만난 것처럼 반가웠습니다.

"아, 네 이름이 수레국화였구나! 반가워."

마음의 인사를 건네며 반가움과 흐뭇함을 느낄 수 있었습니다. 비로소 그의 이름을 불러줄 수 있게 되었다는 고마움도 함께했습니다. 수레국화의 꽃말도 찾아보았지요. '미모'와 '가냘픔'이라는 꽃말이 생김새와 잘 어울린다는 생각을 합니다. 꽃 얼굴과 어울리게 꽃말을 짓는 사람들의 시선도 꽃에 대한 애정으로 가득 차 있으리라 상상합니다.

사람들도 처음 만나면 이름을 교환하며 사귐을 시작하지요. 이름을 불러주면서 비로소 의미가 자리 잡게 되는 깊은 인연을 우리들은 모두 경험하며 삽니다. 수레국화의 이름을 마음속으로 불러주면서 그 꽃이 나에게 와 특별한 의미가 되었음을 느낍니다.

컴퓨터 바탕화면에도 저장해두고 오래오래 바라보았습니다. 옛날 중학교 시절의 미술 시간을 생각하며 4B연필로 스케치를 하고 크레파스로 색칠도 해보았습니다. 수레국화의 모습이 나의 스케치북에 남아있습니다. 한결 수레국화와 가까워진 듯한 느낌으로 행복한 마음입니다.

명동 밥집, 대기하는 봉사자 젊은이들
칠백여 명의 눈동자

———

　서울의 명동성당 옆에 무료급식소 명동 밥집을 운영하시는 신부님의 이야기를 전해 들었습니다. 풍요로운 먹거리와 반짝반짝하는 쇼핑몰과 음식물 쓰레기가 넘쳐나는 요즘에도 밥을 못 먹는 사람들이 있다는 엄연한 사실을 다시 한 번 실감하게 되었습니다. 노숙인들에게 무료로 도시락을 제공하며 사랑의 밥을 나누는 일을 시작한 서울대교구의 이야기는 실천적인 종교의 모습을 생각하게 합니다. 그렇게 무료로 제공해서 언제까지 할 수 있겠느냐는 몇 사람의 염려와는 달리 노숙자처럼 와서 밥을 먹고 가면서 오만 원, 백만 원, 삼백만 원을 슬며시 놓고 가는 익명의 기부자들이 있다는 이야기도 들립니다. 그분들 덕분에 명동 밥집은 문을 닫지 않고 유지되는 것이라고도 합니다.

　하루에 이백 명 정도의 사람들이 와서 도시락을 받아간다고 하는데 봉사자는 사백 명 정도라고 합니다. 이것만이 아닙니다. 봉사자로 대기하고 있는 젊은이들이 칠백 명에 달한다고 합니다. 종교에 상관없이 인간에 대한 자비의 마음, 측은지심, 사랑의 마음이 이러한 현상을 낳는 것이라 생각이 듭니다. 이를 볼 때 아직도 우리 사회는 희망적이며 사람이 살 만한 곳이라고 말하는 분들이 많습니다.

2019년 말에 시작된 코로나19 사태가 2020년 전 세계를 휩쓸고 2021년의 6월이 된 지금 거의 2년에 걸쳐 길어지는 코로나 상황으로 몸과 마음이 지칠 대로 지친 사람들에게 명동 밥집은 작은 위로가 될 뿐만 아니라 고인물처럼 썩어가던 교회의 물갈이에 신선한 영향을 끼치고 있습니다. 순수한 나눔의 자리가 사람 사는 향기로 넘쳐나는 인성의 터전이 되리라 생각합니다. 무엇보다 젊은 봉사자들이 넘쳐나게 대기하고 있다는 사실은 우리나라의 커다란 희망이라고 생각합니다.

명동 밥집이 일회성 이벤트가 아니라 끊임없이 지속적으로 실행되고 따스한 밥상 문화가 이어져 생명을 살리는 일이 계속되어야 한다고 생각합니다. 우리 사회의 향기로운 삶의 터전, 함께 공존하는 사회를 만들어나가는 데 중요한 나침반 역할을 하리라 생각합니다.

유월의 여름 오후,
산림원의 초록빛 길을 걷는 사람들

―――――

유월이 되자 30도를 살짝 넘기도 하는 무더위가 시작되었습니다. 훅훅 땅에서 올라오는 열기와 공기 속에 스며있는 태양의 알갱이들이 얼굴에 닿아 뜨거운 여름이 시작되었음을 드디어 온 몸으로 체험할 수 있는 계절이 되었습니다.

점심시간에 작은 시간을 내어 짧게 산책을 할 수 있는 일터에 있으므로 가까운 거리에 있는 산림원의 초록빛 산책길을 걷기 위해 나섭니다. 새의 깃털처럼 생긴 잎새를 가진 키 큰 메타세쿼이아 나무들과 측백나무와 오동나무, 수수꽃다리, 계수나무, 참떡갈나무, 보리수, 백합나무 등 많은 종류의 수목들이 자기 자신의 초록빛 자리를 지키고 있는 산림원의 올레길을 걷습니다. 삼삼오오 둘레길을 걷는 사람들도 눈에 보입니다. 나무의 향기를 맡으며 초록빛 공기를 마시는 사람들을 만날 수 있습니다.

봄날의 연둣빛 어린싹이 돋아나던 나무들이 여름으로 접어들자 씩씩한 초록색과 진초록색의 나뭇잎들로 무성한 풍채를 자랑하고 있습니다. 초록색 잎새들이 높이 솟아오른 키 큰 나무의 가지에서 나풀거리고 하늘을 올려다보는 나의 눈에는 초록색 지붕들로 보이고 시원스러운 마음으로 온몸이 초록으로 물드는 신선한 마음을 가지게 됩니다.

둘레길을 걸으면 자연스럽게 산책하는 사람들을 만납니다. 조용한 발걸음으로 나뭇잎을 보며 걷는 사람들도 있고, 조금 빠른 걸음으로 자신의 호흡에 맞추어 팔을 흔들며 걷는 사람도 있고, 한가로운 걸음으로 천천히 공기를 음미하며 초록의 나무들을 바라보며 걷는 사람들도 있습니다. 모두 자신의 속도로 자신의 마음이 가는 대로 움직이는 발걸음을 보며 나도 생각에 잠기며 걷습니다. 내 주위의 사람들, 지나온 인생의 정원, 그 행로에서 향기를 뿌리며 머물다 간 사람들, 수많은 어린 벗들, 그들의 속삭임들을 생각하며 걷기도 하지요.

잔디밭의 까치들과 후투티들

─────

초여름 산들바람이 운동장의 잔디를 부드럽게 쓰다듬고 지나가는 것을 봅니다. 바람결에 풀들이 누웠다 일어나며 만들어내는 푸른 물결의 모습으로 느낄 수 있습니다. 초록의 잔물결이 파도처럼 바람의 결을 따라 누웠다 일어나는 것을 바람이 부는 날이면 흔히 볼 수 있습니다. 일터의 넓은 운동장에는 연초록의 잔디가 초여름의 생명력을 담고 눈에 보기에도 시원하게 자라나고 있습니다.

어느 날 휴식 시간에 산책을 하다가 새들이 잔디밭에서 먹이활동을 하는 것을 보았습니다. 농약을 거의 치지 않기에 메뚜기나 풀벌레들이 많은가 봅니다. 건강한 자연환경이 조성되어 새들의 먹이활동을 돕고 있는 듯해서 기쁜 마음이 들었답니다.

새들이 놀랄까 봐 일부러 거리를 좀 두고 찬찬히 걸으면서 그들의 움직임을 살펴보았습니다. 까치가 십여 마리, 후투티가 세 마리 모여있었습니다. 고개를 까딱까딱하며 먹이를 찾아 귀엽게 움직이는 모습을 가만히 지켜보았습니다.

검은색의 날렵한 몸에 하얀색의 날개가 우아한 까치들과 머리에 인디언 추장의 모자 모양을 한 관을 쓴 후투티들을 만나는 시간이 나에게는 숭고한 느낌으로 다가왔습니다. 자연에 기대어 사는 모든 생명체의 존엄과 밥을 먹는 행위의 숭고함을 보는 순간이었습니다. 가만히 보니 까치는 까치끼리 한 공간을 차지하고 모여있었고, 후투티는 후투티들끼리 약간 떨어진 곳에서 모여 먹이활동을 부지런히 하고 있었습니다. 이들도 가족이 있고 한동네 사는 주민이 있고, 동족이 있어 서로 낯익은 편한 사이를 좋아하기에 그럴 수 있겠구나 싶어 한참을 따스한 시선으로 바라보고 있었습니다.

세상 만물이 인간의 삶과 연결되어 있으며 서로 유사함을 느끼게 됩니다. 새들은 새들의 삶의 방식이 있고 나무는 나무대로 그들의 생존방식이 있으며 잔디는 잔디대로 자신의 생명력을 유지하는 방식이 있겠지요. 모든 존재는 자기 자신만의 존재 이유가 있고 가치가 있으리라는 느낌을 가지며, 중요한 것은 "하루하루가 존재의 절정이어야 한다는 것"을 이야기한 어느 시인의 말을 생각합니다.

달콤한 복숭아를 사 들고 온 바닷가 여인

———

2020년 삼월의 봄날, 일터에서 만난 한 여인이 생각납니다. 짧은 생머리를 한 모습이었고 두 아들을 키우는 엄마였습니다. 일터에서 조용히 필요한 일들을 찾아 하며 분위기를 따스하게 만드는 윤활유 역할을 하는 것이 눈에 띄었습니다. 자연스럽게 그녀의 발길에 나의 눈이 머물렀습니다.

매일 퇴근 15분 전 규칙적으로 그녀는 자리에서 일어났습니다. 싱크대에 남아있는 컵을 씻고 냉장고를 정리하고 주변을 청결하게 하는 일을 소리 없이 하는 것이 눈에 자주 들어왔습니다. 누가 시킨 것도 아니라 온전히 자발적인 이타심으로 행하는 그녀의 친절한 행위였습니다. 여러 사람이 함께 사용하는 공간에는 '공동책임은 무책임'이라는 원리가 작용하기도 하는데 그녀는 말없이 조용하게 사무실 공간을 쓸모 있게 만드는 것이었습니다.

그러던 그녀가 비교적 늦은 나이에 새로운 도전을 준비하고 있다는 사실을 알게 되었습니다. 공식적으로 인재를 등용하는 국가고시를 차근차근 준비하고 있었답니다. 자신의 지평을 넓혀가는 길을 차분히 준비하며 자신의 자리를 당당하게 마련하는 노력을 그녀는 지속적으로 실행하고 있었던 것이었어요.

진심으로 응원하는 마음으로 격려와 희망을 전해주고 싶어졌습니다. 산책길에서 유난히 풀꽃에 관심이 많아 살펴보는 것을 좋아하는 나이기에 네 잎 클로버를 잘 발견하기도 합니다. 그런 날에는 두꺼운 책에 끼워 넣어 예쁘게 말려두고 책에서 고른 좋은 문구를 타이핑해 인쇄하고 적절한 공간에 네 잎 클로버를 배치하고 코팅을 해 책받침을 만듭니다. 그것이 몇 년 전부터 시작한 나의 취미 중 하나였습니다. 내가 직접 만든 작은 선물이 되는 것입니다.

어느 날 아침, 그녀에게 내가 발견한 네 잎 클로버가 소복이 담겨있는 작은 화병과 희망의 문구가 적혀 있는 책받침을 전해주었습니다. 환하게 웃으며 지금까지 자신이 발견한 네 잎 클로버보다 더 많은 클로버를 본다고 말하면서 고마워했습니다. 이후 그녀는 자랑스러운 합격을 했고, 새로운 임지로 발령이 나서 헤어질 때가 되었지요. 환송의 자리에서 그녀는 울먹이며 감사와 아쉬움을 표현했습니다. 주차장까지 나와 끝까지 배웅을 하는 몇몇 사람들에게 또 울먹이며 작별의 인사도 제대로 못 하는 모습으로 차에 올랐습니다. 그렇게 떠났던 그녀의 모습과 목소리와 얼굴 표정이 오랫동안 남아 울림을 주고 있었지요.

다음 해 어느 여름날, 그녀가 경주로 출장을 오게 되었다며 연수가 시작하는 시간보다 훨씬 일찍 도착해 옛 일터를 찾아주었습니다. 향긋한 복숭아를 두 상자 사 들고 왔지요. 복숭아만큼이나 향긋한 품성으로 주위를 환하게 밝혀주던 그녀를 다시 만난 기쁨으로 한동안 사무실은 북적였습니다.

새로운 일터가 동해안 바닷가에 위치해 있기에 그녀의 프로필 사진은 바다로 설정되어 있더군요. 바다처럼 넓은 마음으로 따스하게 일터의 사람들을 감싸던 그녀가 가져온 복숭아와 바다의 향기가 오랫동안 나의 마음에 남아있었습니다.

팔월 중순 다시 꽃대를 밀어 올린 상사화

———

오랜 역사와 함께한 소나무가 멋지게 그 큰 키를 위엄 있게 뽐내며 무리 지어 서 있는 일터의 소나무 산책길을 걷다 보면 위로는 소나무 가지 사이로 하늘이 보이고, 눈길을 밑으로 향하면 그 밑의 낮은 자리에서 자라고 있는 맥문동과 고사리와 영산홍과 상사화를 만나게 됩니다.

새봄이면 따뜻한 햇볕으로 인해 땅이 보드랍게 변하고 상사화의 새싹이 연둣빛으로 쏙쏙 올라옵니다. 무성하게 잎새를 키워 올리다가 어느 봄날 힘없이 누워 스러집니다. 그러다 팔월이면 어김없이 꽃대만 올리고 꽃을 피워냅니다. 잎과 꽃이 만나지 못하지만 뿌리는 연결되어 있지요.

팔월의 무더위가 위력을 발휘하고 태풍의 강력한 바람과 거센 비가 몇 차례 그 용맹스러움을 드러내고 물러간 여름의 한가운데, 어느 날 다시 꽃대를 밀어 올리고 있는 상사화를 만났습니다. 한 형제인 잎새는 봄날에 그 초록의 싱싱한 얼굴을 보여주고 사라졌고, 여름의 한가운데서 한 뿌리를 가진 또 다른 형제가 자신의 꽃대를 땅 위로 밀어 올리고 있는 모습을 보았습니다. 그 모습을 보며 어김없이 자신의 시간대로 그 역할을 충실히 하는 자연의 모습을 또 확인하게 되었지요.

잎새와 꽃이 서로 만나지 못하는 것이 안타까워 상사화라는 이름을 사람들이 붙이지 않았을까 생각하지만, 하나의 뿌리로 연결되어 있기에 만나지 못하는 것이 아니라 처음부터 헤어짐이 없는 하나의 공동체 가족으로 존재해왔다는 생각을 하게 되었습니다. 한 가지에서 서로 땅 위로 그 존재를 알리며 나타나는 시간이 다를 뿐 처음부터 헤어진 것이 아니었다는 느낌이 들었지요.

시공간이 다른 곳에서 살아가면 헤어져 있다는 생각을 많이 하며 살아가는 인간의 삶이기에 이 또한 삶 속에서 그리움을 만들어내는 하나의 요소가 아닐까 하는 생각이 듭니다. 하지만 다시 꽃대를 밀어 올린 상사화를 바라보면서 잎새와 꽃대가 서로 다른 시간을 택해 피어나는 그것은 만나지 못하는 인연의 안타까움이라기보다 원초부터 함께 존재해오고 있었으며 나타나는 시간이 다를 뿐이라는 생각을 하게 되었습니다. 애초에 헤어짐이 없었으며 한 가족으로 한 뿌리를 지니며 살고 있었던 것이 아닌가 하는 생각으로 꽃대를 한참 바라다보았습니다.

한 뿌리에서 자라나 부모 형제의 소중한 인연을 맺고 어른으로 성장해 각기 다른 생활의 터전으로 떠나 다른 공간에서 살아갈지라도 그것은 너무 안타까워할 일이 아니라는 생각이 듭니다. 아예 처음부터 헤어진 것이 아니니까 말입니다. 마음으로 서로 연결되어 있고 멀리서도 희망할 수 있으며 그리워하며 서로를 응원할 수 있다는 사실을 생각합니다. 팔월 중순 다시 힘차게 꽃대를 밀어 올린 상사화를 바라보며 마음에 차오르는 기쁨을 느끼고 있습니다.

ⓒ 조현숙

매미, 탈피한 흔적을 보며 걷다

———

초록이 짙어져 검은 숲처럼 느껴지는 여름의 숲속에는 온갖 풀벌레들의 합창으로 거대한 오케스트라가 매일 열립니다. 짙푸른 녹음의 계절 따라 여러 생명들이 그들의 전성기를 마음껏 누리며 조화로운 자연의 세계를 만들어나가는 듯합니다.

어느 여름날 무더위 속에 살짝 한줄기 서늘한 바람이 스쳐 지나가는 날, 평소의 일상대로 휴식 시간에 산책길을 나섰습니다. 기와지붕으로 이어진 고풍스러운 연구동의 계단을 내려오다가 보았습니다. 투명한 주황빛의 껍질이 계단에 조용히 놓여있었습니다. 고개를 숙여 자세히 들여다보니 매미의 흔적이 그 형태에 남아있었습니다.

"아, 이것이 매미가 탈피한 흔적이구나! 오랫동안 머물던 옛집을 떠나 매미는 이 여름을 마음껏 노래하고 있겠구나! 자신의 일생을 마무리하는 활동에 몰입하고 있으리라."

숲속에서 우렁우렁 씩씩하게 들려오는 매미의 노래를 들으며 저절로 잠겨드는 생각의 한 자락이었습니다. 매미의 일생에 대해 찾아보았지요. 애벌레로 4년에서 길게는 17년을 땅속 나무뿌리 근처에서 수액을 먹고 살다가 때가 되면 땅을 뚫고 올라와 1주일 정도를 노래하고 후손을 남기고 생을 마감하며 다시 자연의 일부로 돌아간다는 이야기를 읽을 수 있었습니다. 아마 천적으로부터의 공격을 피하려고 애벌레의 기간이 점점 길어지도록 진화된 것이리라는 연구자의 의견이 공감되었습니다. 자연계의 지혜로운 생명체들, 공격과 방어와 공존의 지혜를 스스로 익혀가는 신비로운 존재들로 가득한 생태계를 생각하며 다시 놀라움을 느끼게 됩니다.

상황에 따라 지혜롭게 적응하며 자연의 일부로 자신의 역할을 충실히 담당하고 있는 매미의 삶을 봅니다. 이 세상에 소중하지 않은 꿈이 어디에 있으며 절실하지 않은 삶이 또 어디에 있겠는가 하는 생각이 들었습니다.

산책길에 만난 어느 매미의 탈피 흔적을 보며 자신의 일생 이야기를 말없이 들려주던 매미라는 자연의 한 일부를 만난 기쁨이 큰 울림으로 와닿았습니다. 가는 길이 달라도 내가 느끼는 시간의 개념이 달라도 그것을 어찌 짧다 혹은 길다 단순하게 판단할 수 있겠는가 하는 생각에 잠깁니다.

헌강왕릉 앞 돌계단에 앉아서 보는 풍경

경주의 동남산 자락, 신라의 옛 왕궁이었던 반월성에서 바라보아 남쪽에 위치한 남산자락을 중고등학교 학생들과 걸으며 탐방을 하는 수련 활동에 많이 참가합니다. 초여름의 열기가 훈훈하게 남아있지만 숲으로 난 길을 걸으면 머리가 맑아지고 마음도 청정해지는 느낌이 듭니다.

많은 이들의 발걸음이 만들어놓은 숲속으로 난 길을 따라 올라가기도 하고 내려가기도 하며 헌강왕릉을 찾아갑니다. 신라 천년의 역사의 한 부분을 담당했던 왕의 흔적을 따라가며 문화해설사의 정감 어린 이야기도 들으며 과거의 역사가 오늘에 이어져 있음을 느끼는 시간입니다.

헌강왕릉을 찾아가는 길은 소나무가 튼튼한 동맥처럼 그 뿌리를 내보이고 있는 오르막길을 거쳐서 갑니다. 많은 사람들의 발길로 인해 소나무 뿌리와 길이 반들반들 닳아있습니다. 처음부터 길이 있었던 것은 아니겠지요. 여러 사람이 가면 길이 되는 것이구나 하는 심경을 눈으로 보고 직접 느낄 수 있는 산길입니다. 사람의 발걸음이 닿은 흔적이 산길에 고스란히 남아있습니다. 눈에 보이지 않지만 생각에 잠겨 걸어갔을 많은 사람들의 발걸음을 상상하며 나는 우리의 청소년들과 함께 걸어갑니다.

아이들은 재잘거리며 걷기도 하고, 도착지점에 빨리 닿기를 바라며 뛰어가기도 합니다. 간격을 맞춰서 일행과 함께 걷기도 하고 발걸음을 빨리 먼저 앞장서 가 기다리는 녀석들도 있습니다. 오랜 역사의 후손들이 경쾌한 목소리로 이야기하며 걷는 옛길을 숲속 어디에선가 미소 지으며 바라봐주는 조상님들이 있을 것만 같아 나는 걷다가 하늘을 가끔 바라보기도 합니다. 소나무의 솔잎들이 하늘을 뒤덮고 있습니다.

오르막길을 조금 올라가면 헌강왕릉에 닿습니다. 아이들이 다리 아프다며 귀여운 투정을 부릴 때 즈음 도착하는 헌강왕릉 앞에는 돌계단이 있습니다. 도착하는 순서대로 앞줄부터 나란히 앉습니다. 문화해설사 선생님의 재치와 유머를 곁들인 헌강왕과 그의 아버지 경문왕의 역사 이야기를 듣고 동생인 정강왕과 누이인 진성여왕의 이야기에 빠져들기도 합니다. 신라의 돌무지덧널무덤의 형태에 대해 설명을 듣고 '릉, 총, 묘, 고분'을 구분하는 방법 등에 대해서도 들으며 진지한 시간을 갖기도 합니다. 문화해설사 선생님은 가끔 '원'은 누구의 무덤을 말하는 것인지 퀴즈로 내기도 합니다. 다음 동남산 문화탐방 장소로 이동하며 생각해보기를 권하는 문제입니다. 아이들은 친구들과 함께 두런두런 '원'이 누구의 무덤인지를 생각하며 서로 묻고 답하고 대화법으로 탐구하기도 합니다. 아이들과 선생님들은 함께 키 큰 소나무들이 우거진 산길을 걸어 다음 장소로 이동합니다.

청소년들이 옛 신라의 문화유적지를 탐방하며 과거를 생각하고 현재에 서서 자신의 발걸음을 다시 점검하고 미래를 생각해보는 시간을 함께 가지는 생생한 현장에 참여하면서 우리 청소년들에 대한 무한긍정의 마음을 가지게 됩니다. 그들의 눈망울과 퀴즈를 탐구하는 자세를 보며, 소나무 우거진 옛 산길을 씩씩한 표정과 날렵한 다리로 걸어가는 모습을 보며 그들이 펼쳐나갈 희망의 대서사시를 미리 상상해봅니다.

소나기 내린 후 소나무 숲길을 걸으며 만난 후투티

한여름 시원한 빗줄기가 처마 밑에 요란스러운 소리를 내며 내립니다. 칠월 초순, 짙은 여름날로 들어가는 싱그러운 한여름에 만나는 소나기는 후텁지근한 마음을 시원하게 정화하는 매력이 있습니다. 소나기는 요란하게 내리다가 금방 그치는 상황이라 아직 빗물이 간간이 뚝뚝 떨어지고 있는 소나무 숲으로 난 길을 걸어가는 것은 매우 즐겁습니다.

하늘은 파란빛이 군데군데 보이고 흰 구름도 살짝 나오고 시선의 저 먼 곳에는 물러가는 소나기구름이 보이고 먼 산에는 수증기 구름이 올라가고 있는 풍경이 마치 수채화 같습니다. 한여름에 볼 수 있는 선물 같은 풍경입니다. 나무들이 숨 쉬는 상쾌한 공기를 함께 마시며 더불어 숨 쉴 수 있는 행운이 찾아오는 시간입니다.

산책길에 나섭니다. 지난봄 새싹이 올라오고 이제는 흔적이 없이 진 상사화가 있던 자리를 눈길로 매만지며 걷습니다. 조금 있으면 상사화의 꽃대가 올라올 것이니까요. 천연잔디가 초록으로 잘 자라고 있는 운동장을 몇 바퀴 걷습니다. 나비와 잠자리들과 온갖 여름 풀벌레들이 자신들의 잔치를 나풀거리며 벌이는 것을 봅니다. 그들을 찾아 새들이 잔디밭을 찾아옵니다. 후투티 몇 마리와 하얀 배와 날개깃을 가진 까치들도 한 무리 찾아옵니다.

2020년 겨울 어느 날, 누런 잔디밭에 찾아왔던 세 마리의 후투티가 생각납니다. 정물처럼 가만히 있어서 돌처럼 보였는데 조금씩 위치가 바뀌어서 가만히 살펴보니 후투티였던 적이 있었지요. 그때 만난 반가운 마음에 후투티는 오랫동안 마음속에 남아있었습니다.

2021년의 여름에 다시 초록 잔디밭을 찾아온 후투티들은 커다란 무리를 지어서 부지런히 먹이활동을 하는 모습을 보여주었습니다. 무수한 생명들이 활력을 찾으며 왕성한 활동을 하는 계절이기에 후투티들이 여러 마리 무리를 지어 온 모습이 눈에 띄었습니다.

반가운 마음에 달려가 맞이하고 싶었지만 혹시 방해가 될까 봐 거리를 두고 멀리서 기쁜 마음으로 그들의 활동을 지켜보았답니다. 어김없이 찾아온 후투티들의 모습이 오랜 친구의 얼굴을 보는 듯 반가웠습니다.

거의 30년 동안 매년 정기적으로 만나는 친구들이 있습니다. 마치 그들을 만난 듯 훈훈한 마음이 드는 후투티들이었습니다. 세월이 만드는 편안함과 수수한 반가움이 함께한 후투티들과의 만남이었습니다.

계림 숲을 거니는 사람들

풍성한 자연이 그 성숙미를 더해가는 계절인 여름이면 더위가 좀 식어가는 저녁 무렵에 계림 숲을 거니는 사람들을 많이 볼 수 있습니다. 삼삼오오 일행을 이루어 걸어가는 사람들의 실루엣이 수묵화의 풍경을 만들어내고 있습니다. 어린 자녀들의 손을 잡고 온 젊은 부부, 작은 일행을 이루어 찾아온 중년의 여인들, 정다운 연인인 듯 보이는 사람들, 오랜만에 만나 동창회를 하는 듯한 중년의 남성분들, 일행을 이룬 노신사분들, … 여러 형태의 사람들이 제각기 의미 있는 모둠을 이루며 어스름이 내리는 저녁길을 걷고 있습니다. 그들 속에 나도 한 점이 되어 오랜 친구와 함께 자주 걸어봅니다.

이곳을 찾아 거니는 사람들은 첨성대 주변을 산책하며 옛 선조들의 마음속에 그려졌을 하늘과 별과 바람을 상상해 보기도 하고, 어린 자녀와 함께 온 젊은 부부들은 어린 자녀의 마음속에 신라인의 소망과 하늘의 별들을 관찰했던 자취를 느끼도록 함께 인도하는 모습을 볼 수 있습니다. 어린아이의 마음속 무한한 세계의 한 자락에 그려지게 될 첨성대의 그림자와 간접조명의 은은한 불빛과 신비스러운 발걸음이 부모의 따스한 손길과 함께했다는 추억이 소중하게 자리 잡게 되리라 생각하게 됩니다. 그것은 자라나는 숲의 일생의 어느 한 모퉁이 건강한 밑거름이 되리라 믿어봅니다.

　과거와 현재와 미래가 서로 연결되어 이야기를 만들어내고 있음을 느낍니다. 그 이야기는 계속되고 새로운 의미로 창작되고 있음을 느낍니다. 과거를 잊지 않고 생각하며 자세히 관찰하고 오늘과 연결지어 나의 생활을 풍요롭게 하며 걷습니다. 이름 모를 여행자들, 경주의 주민들, 서로 모르지만 한 일행이 되어 첨성대 일원을 두루 명상에 잠겨 걷는 사람들 속에 나도 존재합니다. 한 나라의 영토를 공유하는 친밀감이 느껴지는 순간입니다.

수박향 웃음을 짓는 사람들

여름이면 과즙이 풍부한 수박이 우리들의 목마름을 시원하게 해소해줍니다. 일터의 동료들과 함께 하루의 일과에 열중한 후 목마른 그 순간에 둥글고 커다란 수박을 자르는 시간을 자주 가집니다. 우선 그 커다랗고 제법 묵직한 둥근 수박을 싱크대에 넣고 통째로 세수를 시킵니다. 두루두루 물을 뿌려 겉면의 먼지를 제거한 후 테이블의 도마 위로 옮깁니다. 먼저 절반을 잘라 붉은 수박 속을 구경합니다.

"와, 잘 익었다."

"달겠다."

"역시 여름에는 수박이야!"

"아, 요즘에는 수박씨가 별로 없네."

테이블에 둘러선 일터의 동료들이 한마디씩 수박 예찬을 합니다. 나는 주로 칼로 수박을 자르는 역할을 하는 편입니다. 수박을 자를 때 나는 수박향이 참 좋아서 즐겁게 수박 자르는 일에 참여합니다. 절반을 잘라 반원형이 된 수박을 다시 반으로 자릅니다. 그런 다음 먹기 좋은 크기로 부채살 모양으로 자르기도 하고, 막대형으로 자르기도 하지요. 때로는 수박 과육을 정사각형으로 한입에 쏘옥 들어갈 크기로 손질해 접시에 수북수북 담기도 합니다.

동료들과 수박을 먹을 수 있는 즐거운 시간을 가질 수 있고 수박이 주는 향기도 덤으로 즐길 수 있는 여름이 참 좋습니다. 붉은 과육과 풍부한 과즙으로 더위를 식힐 수 있고 함께 테이블에 둘러서서 나누어 먹는 시간이 참 향기롭습니다. 서로 웃으며 대화를 나누며 먹는 여름의 수박이 주는 선물에 감사하는 마음이 됩니다. 동료들의 미소에 수박향이 은은하게 스며있습니다.

자연의 선물이 참 오묘하다는 생각을 합니다. 우리나라 여름의 뜨거운 태양과 높은 습도와 더위는 사람들에게 수분이 많이 필요한 상황을 만들기에 과일도 풍부한 과즙으로 자신의 존재를 알리며 여름에 달콤 시원한 모습으로 나타나는 것을 신기하게 느낍니다. 수박 한 조각을 먹으며 자연과 인간이 조화를 이루며 순환하는 세상을 생각하게 됩니다. 가을에는 단단한 사과와 배, 그리고 단감으로 비타민을 선물해주고, 겨울의 곶감은 또한 달콤한 풍미를 제공해주는 자연의 이치를 생각하게 됩니다.

통밀 샌드위치를 만드는 사람들

일터에서 만나는 동료들은 참 다양한 취미를 즐기며 발전시켜나가는 분들이 많습니다. 피아노를 즐겨 치며 즉석 미니 공연도 바로 하실 수 있는 분도 계시고, 매일 아들과 운동을 재미있게 즐기며 하시고 온몸을 근육으로 탄탄하게 만들어나가며, 미스터 코리아에 출전하신 분도 계십니다. 신체 부위별로 근육을 만드는 운동법을 알려주시기도 하는 분이시지요. 또한 젊은 여성으로 예전에 UFC 아마추어 선수를 했다는 경력을 가진 분도 있습니다. 민첩함과 활기찬 모습으로 생활하고 있는 모습이 참 아름답습니다. 누구나 장점이 다 있기에 생기발랄하고 다채로운 일터의 분위기를 형성하고 있다는 생각을 많이 하게 됩니다.

2022년 봄날, 교원동아리 프로그램에 참여하자는 의견을 내는 분이 있었습니다. 경주 지역의 여러 학교 중에서 한 고등학교의 협력으로 요리동아리에 참가할 수 있었습니다. 일터의 동료 여섯 명이 신청해 가벼운 음식을 만들며 푸드 테라피(Food Therapy)를 할 수 있는 시간을 가졌습니다. 처음으로 만든 요리는 통밀 샌드위치였지요. 강사님의 설명에 귀 기울이며 계량 저울에 재료를 담아 정해진 양만큼 측정하고 그릇에 담아놓고 양파를 썰어 다지고 여러 재료들을 큰 양푼에 담아 혼합하는 과정을 순서대로 따라 하며 통밀 샌드위치에 넣을 속 재료를 만들었습니다. 토마토를 5mm 정도의 두께로 썰어두고 치즈를 준비하고 통밀로 구운 식빵에 얹어 펴고 먹음직스러운 형태의 샌드위치를 함께 만들었답니다. 종이에 싸서 포장하는 방법도 배우고 반쯤 잘라서 팩에 넣는 작업까지 완성했습니다.

참여한 동료들은 모두 유머를 나누고 하하호호 웃으며 도마 위에 재료를 썰고 썬 후의 작품을 서로 바라보며 농담 섞인 평을 하며 또 웃고 만드는 과정에 참여하며 서툴지만 흐뭇한 시간을 가졌습니다. 이런 과정을 거치면서 두 시간의 실습시간이 순식간에 흘러갔습니다. 그 과정에 참여하는 것 자체가 치유의 과정임을 나중에 깨닫게 되었답니다. 요리를 만드는 과정에 참여하는 것, 재료를 씻고 만지고 썰고 혼합하고 얹고 펴 바르고 마무리하는 모든 과정들이 하나의 치유과정이었음을 느끼게 되었습니다.

조별로 함께 참여하며 통밀 샌드위치를 만드는 과정을 통해 자연스럽게 동료와 의견을 나누며 소통하는 활동이 거의 동시에 일어났습니다. 전 과정에 적극적으로 참여하며 체험하고 설거지도 하며 마무리하는 과정을 통해 상대를 더욱 이해하고 새롭게 그가 지닌 장점을 발견하는 기쁨도 느낄 수 있었습니다. 세상만사 무엇이든지 사람이건 사건이건 너무 쉽고 빠르게 판단하지 않는 여유와 타인에 대한 너그러운 태도의 중요성을 다시 생각해보는 소중한 체험의 시간이었습니다.

ⓒ 조현숙

꽃을 키우는 팔순의 여인

경북 상주의 작은 아파트에 홀로 사시는 엄마는 요즈음 늘 조용하고 평화로운 미소를 짓고 생활하십니다. 엄마의 젊은 시절, 자녀들을 키우시느라 몹시 분주하셨을 엄마의 옛날을 상상해봅니다. 활발한 장난꾸러기들을 어찌 다 키우셨을까 생각하면 저절로 숙연해지고 감사의 마음으로 가득 찹니다.

그 어린 형제들이 지금은 또 자신의 가족들을 만나 한 명이 네 명의 가족으로 확대되었음을 봅니다. 세월의 힘이 엄청남을 또 느끼고 있습니다. 그 뿌리에는 엄마가 조용한 미소를 짓고 계십니다. 지금 엄마는 팔순을 넘기시고 자식들의 얼굴 사진을 벽면에 가득 붙여놓고 매일 바라보고 계십니다.

엄마를 만나고 싶을 때면 조용히 자동차를 운전해 상주영천고속도로를 달려갑니다. 두 시간 정도 후에 만나는 엄마의 얼굴은 책임을 완수한 이의 안온하고 조용한 표정을 하고 계십니다. 인생의 항구를 출발해 태양이 비치는 잔잔한 파도를 만나고, 때로는 폭풍우 치는 검고 거센 밤바다를 항해하기도 하셨을 엄마의 긴 항해, 그리고 다시 만난 태양과 잔잔한 파도에 웃음을 짓기도 하셨을 엄마의 일생을 상상해봅니다.

가끔씩 들려주시는 엄마의 옛이야기 속에서 엄마의 마음이 되어 그때의 일에 푹 잠기어보기도 합니다. 어린 우리에게 고등어구이를 해주시던 엄마, 부추김치를 담아서 주시면 금방 담은 김치에 배어있는 마늘 냄새가 향긋했던 기억, 달빛 비치는 여름의 북천 강가, 초록빛 벼들이 자라나던 들판과 여름방학이면 동생과 함께 들길을 걷던 기억 등이 떠오릅니다.

이제는 자식들을 둥지에서 훨훨 날려 보내시고 엄마는 대신 화초를 키우고 계십니다. 팔순이 지나신 엄마는 화초를 자식처럼 돌보고 계십니다. 물을 주시고 매일 다정한 눈길을 주시고 정성을 기울이시는 손길이 어린 자녀를 키우시는 듯합니다.

햇살이 잘 드는 베란다는 엄마의 작은 정원이 되었습니다. 분홍 꽃, 하얀 꽃, 노란 꽃, 그리고 초록의 잎새들이 옹기종기 정원의 식구들이 되어 모여있습니다. 엄마의 작은 정원이 기쁨과 평화의 동산으로 환한 생명의 터가 되기를 희망합니다.

동궁과 월지,
넓은 연꽃 잎새 사이를 걷는 연인들

아침 출근길이면 동궁과 월지를 지나게 됩니다. 여름이면 시원하고 넉넉하게 넓은 초록 잎새 사이로 하얀색과 분홍색의 연꽃이 피어나기 시작합니다. 연꽃은 점점 키가 커서 울창한 꽃 숲을 만들고 그 사이로 난 둘레길을 따라 사람들이 거닐며 사진도 찍고 천천히 걸으며 산책을 합니다. 경주를 터전으로 삼고 사는 시민들과 경주의 문화유적지를 찾아오는 많은 사람들이 함께 어우러져 여름의 넉넉한 꽃향기에 젖어들기도 합니다.

어느 여름날 아침 출근길이었습니다. 시원한 연꽃들 사이로 예쁜 연인들로 보이는 사람들이 걷고 있는 것을 보았습니다. 하얀 원피스를 입고 모자를 쓴 여인이 꽃 사이를 걷고 있었고 그 옆에 연인인 듯한 남자가 함께 걸어가는 모습이었습니다. 초록빛 시원스러운 연꽃의 넓은 잎새 사이를 거니는 두 젊은 사람들의 모습이 참 아름다워보였습니다.

아마도 시원한 초록빛 이야기를 조곤조곤 속삭이고 있으리라 상상이 되더군요. 새로운 인생의 시작점에 서서 젊은 두 연인이 어떠한 인생 설계를 하든 그것은 희망과 사랑이 넘치고 아름답지 않을까 생각합니다. 가보지 않은 길에 대한 설렘과 두려움, 그리고 새로운 길에 대한 희망의 속삭임들이 그들의 이야기 속에 녹아들어 있지 않을까 생각합니다. 멀리서 바라보기만 해도 기분이 좋아지는 연인의 모습입니다. 모든 인생의 출발선에서 희망을 노래하지 않는 사람이 어디에 있을까요.

여름의 넉넉한 생명력을 닮고 있는 연꽃의 커다란 잎새와 진흙 속에서도 곱고 향기로운 꽃을 피워 올리는 연꽃이 주는 의미가 함께 어우러져 깊은 의미를 전해주고 있습니다. 그 꽃들 사이를 거니는 연인의 모습을 보며 아침 출근길이 덩달아 희망으로 가득 차올랐습니다.

이른 아침 산림원 둘레길을 걷는 여인

———

　일터로 향하는 길목에 있는 산림연구원은 여러 종류의 나무들이 큰 키를 자랑하며 바람에 그 초록의 머리를 휘날리고 있습니다. 팔월의 무더위가 그 용감스러운 기운을 마음껏 발휘하는 여름날이어도 이른 아침의 어느 순간, 청량한 바람이 얼굴과 머리카락을 스쳐 지나가는 순간이 있습니다. 그런 날이면 산림원의 초록길을 시원스럽게 걷고 싶어집니다.

　조금 일찍 서둘러 집을 나서 출근 시간이 다소 넉넉한 날이면 산림원의 도로 양옆에 돌로 운치 있게 만들어놓은 주차장에 잠시 차를 세웁니다. 나무들 사이로 나 있는 둘레길을 조용히 걸어보는 것이 일상이 되었습니다. 30분 정도 거니는 산책길에 자세히 바라보면 밤새 내린 이슬이 풀잎들 위에 맑고 동그란 모습으로 알알이 맺히어있고, 강아지풀이며 토끼풀도 아침의 싱그러움에 함뿍 젖어있는 모습을 만납니다. 간밤을 지새운 나무들도 아침의 산뜻한 초록빛과 더욱 짙어가는 진초록의 얼굴로 바람에 수런수런 이야기를 나누는 듯합니다.

　산림원의 둘레길을 걷다 보면 간혹 아침에 산책길에 나선 분들을 만나기도 합니다. 같은 둘레길을 걸어오는 사람을 맞은편에서 바라보면 초록의 물감에 젖어 온몸이 초록으로 신선하게 젖어 걸어오고 있다는 착각을 하게 됩니다. 상큼한 아침 공기를 들이마시며 호흡하는 사람의 모습을 보며 마치 초록으로 물드는 것인 양 바라봅니다.

　둘레길을 걷는 여인들을 만나는 날이면 자연과 호흡하고 자연을 아끼는 사람들이 많다는 생각을 하게 됩니다. 이 지구상의 생명체의 생존 비밀은 경쟁보다 공존이라고 이야기하는 어느 생태학자의 강연이 생각납니다. 나무와 풀과 공존하며 사는 무수한 생명체들 속에 인간도 포함되어 있음을 생각합니다. 산책길에 만나는 여인들을 보며 자연과 공존하기를 소망하는 사람들이 동료가 되어 더욱 건강한 우리 사회를 만들 수 있으리라는 생각으로 행복해집니다.

고등어찌개를 끓이는 시간

―――――

입추가 지나면 그토록 맹렬한 더위를 뽐내던 여름도 조금 순해집니다. 후텁지근한 더위가 수그러들고 공기가 보송보송해지는 걸 느끼게 됩니다. 아침과 저녁으로 시원하고 상큼한 바람이 짧은 순간 살짝 지나가는 것을 얼굴에 느낄 수 있습니다. 아주 짧은 순간이어서 아쉽기도 한 그런 찰나가 찾아옵니다. 절기의 흐름을 느끼게 되는 순간이지요.

이럴 때면 우리 집에서는 "아하, 고등어찌개를 만들어 먹을 좋은 계절이 드디어 왔구나!" 하며 반가운 마음으로 기뻐합니다. 어느 여유로운 주말에 부산의 자갈치 시장으로 가서 고등어를 양껏 사고 얼음에 재워 들고 올 계획을 짜기도 합니다. 내륙의 어물전보다 더 싱싱하고 가격도 싸게 형성되기에 좋아하는 생선을 자주 사러 갑니다.

고등어는 어린 시절의 추억과도 연결되어 그리움의 세계로 나를 데리고 가는 생선입니다. 아버지께서 사오시고 엄마께서 구워주시던 향긋한 고등어구이와 함께 밥상에 둘러앉아 나누었던 추억들이 지금은 지나가버렸지만 따스한 그리움의 세계로 나를 이끌어줍니다. 따스한 추억은 언제나 일상을 살아가는 데 큰 힘이 되어 나를 응원해주지요.

이제는 내가 가족들을 위한 저녁 밥상으로 고등어찌개를 종종 준비합니다. 가을 대파와 무와 감자를 큼지막하게 툭툭 썰어 냄비의 밑바닥에 깔고, 싱싱한 등 푸른 고등어를 두 마리 정도 넣습니다. 빨간 고추장과 간장과 설탕, 마늘과 쌀뜨물을 받아 섞어 갖은 양념장을 만듭니다. 그리고 냄비에 넣어둔 고등어 위에 골고루 끼얹어줍니다. 맛있는 찌개를 기대하면서 말이지요. 보글보글 끓는 소리가 나고 한동안 감자가 잘 익을 때까지 불 조절을 하면서 고등어찌개를 끓입니다.

제철에 나는 생선으로 따스한 식탁을 준비하면서 함께 밥을 나누어 먹을 수 있는 사람들을 식구라고 하는 말의 의미를 새삼 조용히 깨닫습니다. 평범한 밥상이지만 식구들이 나누며 힘을 얻고 그 힘을 주위에 환원하며 따스한 세상을 만들어나가는 출발점이 될 수 있음을 생각합니다. 고등어를 잡아준 어부들의 수고에 감사하는 마음이 듭니다. 또한 고등어를 키운 바다와 햇빛과 이 세상의 생태계와 자연에 더불어 감사하는 마음을 갖게 되는 가을입니다.

흰여울 문화마을을 걸으며
파도 소리를 듣는 가을

———

부산으로 자주 여행을 갑니다. 신경주역에서 KTX 기차를 타기도 하고 SRT 기차를 이용하기도 합니다. 30분 이내 부산역에 도착하는 편리함이 있기에 주말이면 자주 들리는 시간이 많습니다. 일상에서 잠시 벗어나 낯선 곳으로 떠나는 여행은 언제나 마음이 설레게 만드는 신기한 힘이 있습니다. 여행 이삼 일 전에 일정표를 작성합니다. 부산 지역을 구역별로 나누어 가보고 싶은 곳을 정하고 가보고 싶은 맛집을 골라두고 두세 군데 여유를 가지고 천천히 둘러보기로 계획을 세웁니다.

부산의 동네 길목이 제법 익숙해져 친근감이 듭니다. 나의 부모님과 조부모님 세대가 겪었던 전쟁과 상상하기 어려운 전후의 나라 사정이 각 가정과 이웃과 개인에게 커다란 영향을 끼칠 수밖에 없었던 시절을 살아낸 사람들의 이야기가 골목골목 곳곳에 스며있는 부산, 그곳에 삶의 터전을 꾸리고 살아갔던 우리 아버지 세대와 할아버지 할머니 세대의 별처럼 많은 사람들의 이야기를 생각해봅니다.

산비탈 가파른 곳까지 몰려와 급한 상황에 눈과 비와 바람을 피할 수 있는 판자촌 움막집을 지을 수 밖에 없었던 우리의 옛날들을 상상하게 하는 흰여울 문화마을입니다. 사람들의 손길이 삶의 모습과 연결되어 곳곳에 스며있는 모습을 볼 수 있습니다. 골목과 골목이 연결되어 있고 인생살이의 흔적들이 소담스럽게 엿보이는 곳, 서로를 보듬으며 격려하며 인사를 나누며 지냈겠구나 하는 생각을 저절로 하게 만드는 계단과 언덕과 좁다란 골목길, 눈 아래로 보이는 작은 집들 옥상 위 옹기종기 놓여있는 장독대, 고추, 상추, 부추, 대파와 가지를 심어놓은 옥상의 스티로폼 화분들, … 정다운 마음이 솟아나게 하는 풍경들입니다.

"사람에게 절실한 것들은 모두 아름답다"라는 말을 생각하며 가파른 계단을 걸어보았습니다. 까마득한 옛날로 거슬러 올라가면 우리는 모두 구석기 동굴 생활을 하던 조상들의 후손임을 생각하며 걸었지요. 어린 시절 학교의 교실 수업시간 역사 이야기를 들려주시던 선생님의 목소리가 되살아납니다. 강가의 막집에서 생활하며 긴 역사의 시간 속에 삶을 이어오며 문화를 발전시켜 왔다는 이야기가 다시 떠오릅니다. 그 옛날과 지금이 연결되어 있음을 느끼며 정다운 골목길을 걷고 계단을 오르고 먼 산과 하늘을 바라보았습니다.

부산을 찾아온 많은 여행자들과 함께 흰여울 문화마을의

해변 산책로를 걸었습니다. 해변을 끼고 만들어놓은 긴 산책길을 파도 소리를 들으며 걸었습니다. 어린아이들과 함께 온 젊은 부부들, 중년의 부부들, 동료들끼리 여럿이서 모여 온 여행자들, 이름 모를 사람들과 함께 긴 일행이 되어 가을의 흰여울을 걷는 우리들 모습 뒤에는 푸른 하늘의 흰 구름이 뭉게뭉게 따라오고 있었습니다.

ⓒ 조현숙

이바구길 168계단과
장기려의 삶을 생각하는 시간

―――

가을의 소슬바람 따라 활엽수들이 울긋불긋 자신의 잎새들을 물들이며 지난 여름의 은성했던 초록잎들과 꽃들과 열매와의 헤어짐을 준비하는 모습들을 볼 수 있습니다. 해마다 이맘때 즈음이면 가볍게 배낭을 꾸려 낯선 지방으로 가보지 않았던 새로운 곳으로 떠나고 싶은 마음이 듭니다.

그럴 때는 오랜 삶의 동반자와 함께 가볍게 배낭을 꾸려 출발합니다.

2021년의 가을에는 자동차를 주차장에 두고 가벼이 시내버스를 타고 신경주역으로 갔습니다. 오랜만에 교통카드로 띠리릭 하는 경쾌한 소리의 승차 확인을 하고 한 자리씩 마련되어 있는 시내버스의 좌석에 앉았습니다. 안내방송이 친절하게 나옵니다. 마스크를 착용하고 대화는 가능한한 삼가해줄 것을 당부하며 나와 이웃의 건강을 지키자고 권유하는 안내방송이 흘러나옵니다. 타인을 배려하는 사회가 자연스럽게 진행되는 듯해 기분이 좋아집니다. 신경주역에서 부산행 기차를 탑니다. 30여 분 만에 도착하는 부산역에서 타고 온 열차의 길게 연결되어 있는 모습을 한번 바라보고 많은 승객들의 인파에 묻혀 엘리베이터로 계단을 올라갑니다. 부산역을 빠져나와 이번에는 장기려의 삶이 배어있는 곳을 찾아가기로 합니다.

　　장기려 박사의 일생 이야기가 스며있는 부산의 이바구길과 '장기려기념 더 나눔센터'를 찾아갔습니다. 한국동란 때 헤어진 그분의 가족 이야기 속에 응급차를 타고 병원으로 오던 길에 마주친 차창 밖으로 본 부인과 딸의 모습, 그것이 마지막 이미지로 남아 애타는 심정으로 통일이 되면 평양에 있는 가족을 만나기를 소원하며 남한에서 가난한 이들을 위해 의술을 펼치며 살았던 의사 장기려, 그분의 삶이 별이 되어 빛나고 있었습니다. 고신대 대학병원 옥탑방에 거주하며 반신불수의 몸이 되었을 때도 간호사의 도움을 받아가며 끝까지 진찰하던 모습의 흑백 동영상을 보았습니다. 측은지심을 자신의 일상에서 실천하던 사람, 사람이 사람에게 저토록 간절할 수 있다는 사실을 몸소 보여주어 그를 아는 사람들의 마음을 감동시킨 사람, '인간은 인간의 체험을 잠시 하는 영적인 존재'라는 말에 뜨겁게 동감하게 되는 장기려의 인생이었습니다. 육성으로 들어본 평양에 있는 부인의 음성과 편지는 인간적인 너무도 인간적인 면을 느끼게 해주었습니다. 그분의 유언으로 "간디는 물레 하나만 남겼는데 자신은 가진 것이 많다"라고 한 것이었다는 사실이 또한 감동으로 와닿았습니다.

　산등성이 마을에서 바라보니 아득한 부산의 높은 빌딩
들과 호텔들과 백화점들이 대조적으로 내려다보였습니다.
산 중턱에서 내려올 때 타본 8인승 모노레일은 소박하고 투
박한 모습으로 마을주민과 외지에서 이곳을 찾아온 사람들
에게 이동의 편리함을 제공하고 있었습니다. 형광색 조끼를
입고 모노레일 승하차를 지도하던 시니어클럽 회원분들의
깊은 주름과 친절함, 환한 미소가 인상적이었습니다. 장기
려 박사가 사람들에게 베풀었던 다정한 의술만큼이나 정다
운 시니어클럽 어르신들의 따뜻한 친절이 그곳을 환히 빛내
고 있었습니다.

풍나무 아래서 듣는 새들의 오케스트라

―――――

    산림원의 둘레길을 따라 산책을 자주 합니다. 커다란 키를 자랑하는 메타세쿼이아 나무들이 빽빽하게 들어서 있는 둘레길의 초입에 들어서면 상큼한 기운이 쏴아 몰려옵니다. 점심시간에 여유를 가지고 잠시 걸어보는 길은 수많은 나무들의 이름을 읽어보고 친숙하게 알아갈 수 있어서 더욱 기분이 좋아집니다.

    2021년 늦가을의 십일월, 맑은 하늘과 하얀 구름이 포근한 날이었습니다. 겨울이 다가오니 나뭇잎들은 뿌리에 영양을 집중하느라 잎새를 화려하게 물들이고 불어오는 바람에 이리저리 그 잎새들을 떨구며 계절을 맞이할 준비를 하는 모습을 볼 수 있었습니다. 토끼풀도 새로이 불어오는 추운 바람에 새파랗게 언 모습으로 하늘거리고 있고, 땅 위의 떨어진 낙엽 더미 속에서 새봄처럼 풀들이 초록빛으로 새로 올라오고 있었습니다. 풀들의 생명력에 감탄하게 됩니다. 최소한의 조건만 주어지면 어김없이 강한 생명력을 보여주는 풀들, 연약하지만 강인한 연둣빛과 초록빛의 풀들을 보며 산림원의 오솔길을 걸었습니다.

풍나무 아래에서 발길을 멈추고 잠시 가을의 공기를 느끼고 있던 순간이었지요. 온갖 새들이 제각기 다른 목소리로 노래하고 있었습니다. 마치 오케스트라의 조화로운 연주를 듣고 있는 듯했습니다. 만일 모두 똑같은 목소리로 노래를 했다면 아마 무척 단조로운 숲속이 아니었을까 생각했지요. 어느 동화 속의 이야기처럼 세상의 모든 장미가 빨간색으로만 핀다면 얼마나 재미없는 세상이 될까 생각했습니다. 새들의 다채로운 음조와 음색이 오케스트라의 합주를 연상케 했지요.

다양한 생각과 행동과 성격들이 모여 다채롭고 조화로운 사회를 만들어가고 있음을 긍정적으로 생각할 필요가 있음을 새들의 노래를 들으며 생각해봅니다. 나와 다른 생각을 가진 이들에 날선 공방부터 하는 것보다 먼저 귀를 열어 그들의 이야기에 귀를 기울일 필요가 있음을 생각합니다. 다채로운 세상의 공존, 그로 인한 지속적인 인류의 성장을 기대해봅니다. 새들의 다양한 노래를 들으며 그들이 자연스럽게 알려주는 삶의 지혜를 느끼게 됩니다. 참 고마운 시간입니다.

키 큰 소나무를 다듬는 사람들

———

일터의 동남산 자락에는 키 크고 오래된 멋진 소나무들이 참 많습니다. 소나무의 솔방울도 봄날에는 어린 연둣빛이라는 사실을 알게 된 지 이 년 정도 되었습니다. 자세히 바라보고 관심을 가지며 살펴보니 봄날에 연둣빛으로 솔잎의 새싹들이 돋는 모습도 보이고 솔방울이 솔잎과 같은 색깔로 솟아 나오는 것을 보았지요. "아, 솔방울의 어린 모습도 연두로 시작하는 것이로구나!"하고 경이롭게 느꼈던 순간이 있습니다. 우람하고 거친 모습의 소나무, 철갑을 두른 듯한 소나무도 연하디 연한 연두의 순간을 지나는 과정을 조용히 지켜보았던 봄날의 기억이 새롭습니다.

어느 가을날 큰 사다리차들이 몇 대 들어오고 1톤 트럭이 주차되어 있었습니다. 소나무들이 가득 자리하고 있는 산책길과 국궁장으로 가는 길목에 소나무들보다 더 큰 키의 사다리차들이 와 있었지요. 소나무 가지를 전지하는 사람들이었습니다. 소나무는 그 푸른 머리숱을 시원하게 솎아주어야 잘 자란다는 이야기를 전해 들었지요. 솔잎이 빽빽하게 나 있는 모습이 건강하고 그들에게 더 좋은 줄 알고 있었는데 아닌 모양입니다. 더 건강한 상태를 유지하기 위해서는 가벼운 몸짓으로 바람이 통하게 잔가지를 쳐주어야 한다는 사실을 알게 되었습니다. 고층 사다리 위에 올라가서 전지 가위로 소나무의 머리를 시원하게 깎아주던 분들의 가위소리가 상쾌하게 들렸습니다. 가지치기 작업 후 산책길은 더욱 시원스럽게 변했습니다. 소나무 산책길을 통해 점심 먹으러 가는 길이거나 휴식 시간에 망중한의 산책 시간을 즐길 때 고개를 위로 해 자주 올려다보는 습관이 생겼습니다.

봄날에는 소나무에도 연둣빛 새순들이 돋아나는 모습을 볼 수 있어서 고목에 새로 피어나는 어린 연두의 귀여운 생명력에 감탄합니다. 여름에는 소나무 사이로 파란 하늘과 흰 구름이 보이기도 하고, 바람이 초록빛 노래를 부르며 지나가기도 하고, 소나기가 내린 후에는 후두둑 떨어지는 빗방울들을 머금고 있는 소나무 잎들이 초록의 머리카락같이 보입니다. 가을의 추석 무렵에는 그윽한 달이 소나무 사이로 황금빛으로 걸쳐져 있는 모습을 볼 수 있습니다. 겨울에는 그 사이로 바람이 용감히 달릴 때도 있고 성긴 눈발이 검푸르게 짙은 초록빛 사이로 흩날리는 풍광을 만들어내기도 합니다. 언제나 그 자리에 있지만 사계절 소나무의 얼굴은 조금씩 빛깔을 달리하며 새로운 의미를 이야기하는 듯합니다.

소나무가 가지치기를 해주어야 더욱 건강하게 잘 자란

다는 말을 듣고 "물을 채우려면 우선 그릇을 비워야 채울 수 있다"라는 말을 실감하게 되었습니다. 사람의 마음도 복잡한 것들로 가득 차 있으면 하늘을 바라볼 여유가 사라질 수 있겠다는 사실을 생각해봅니다. 때때로 마음을 비우고 내 마음의 공간을 넉넉하게 비워두는 작업을 하며 자신을 가다듬고 그 여유로운 공간에 새로운 것, 바른 것, 좋은 것, 옳고 따스한 것들, 이전에 가보지 않았던 여정, 새로운 영역에의 탐구, 읽어보지 않았던 분야의 책 읽기 등으로 채우고 싶어집니다.

자갈치 시장, 힘찬 목소리의 사람들

———

주말이면 부산으로 자주 짧은 여행을 갑니다. 우선 바다 내음이 내륙의 향기와는 색다른 느낌을 자아내기에 새로운 미지의 세계로 가는 듯 들뜨게 되고 괜히 신나는 마음입니다. 익숙한 곳이 아닌 새로운 땅과 새로운 사람들이 사는 곳으로 잠시 들르는 여행길은 너그러운 마음을 갖게 만드는 힘이 있는 듯합니다.

부산역에 도착하면 여러 곳으로 떠나는 사람들과 도착하는 사람들로 붐비는 광장을 지나 계단을 내려가서 지하철을 탑니다. 주로 자갈치 시장으로 가서 유람선이 출발하는 선착장 광장을 들러 걸어보기도 하고 바닷물도 바라봅니다. 자갈치 광장에서 건너편을 바라보면 깡깡이 마을이 보입니다. 배를 수리하는 곳들이 한 구역을 이루며 모여있는 것을 보고 바다를 생의 터전으로 삼으며 살아가는 사람들의 힘찬 삶의 현장이 펼쳐져 있는 곳을 보며 마음이 숙연해집니다. "사람에게 절실한 것은 모두 아름답다"라고 자신이 보고 느낀 생각을 이야기해준 어느 따스한 작가의 마음이 보이는 듯합니다.

바닷바람과 갈매기와 유람선이 매시간 출발하는 자갈치 광장을 둘러본 후 우리는 자갈치 시장의 좌판이 모여있는 곳을 향해 걸음을 옮깁니다. 시장 입구에 들어서면 힘찬 아주머니들의 목소리가 들려옵니다. 우렁찬 생의 한가운데에 들어선 듯합니다. 생활력 강한 우리의 어머니들을 만나는 곳이기도 합니다.

시끌벅적한 좌판이 널려있는 시장에 들어서면 소라와 문어, 은갈치와 먹갈치, 문어와 꼴뚜기, 삼치와 고등어, 동태와 생태, 반쯤 말려놓은 가자미 종류의 납작한 물고기들…. 그 종류도 너무나 다양한 물고기들이 종이로 된 좌판에 전시되어 있기도 하고 동그란 그물망 비닐 접시에 보기 좋게 얹혀 있기도 합니다. 우리는 고등어를 주로 취급하는 두 남자분이 운영하는 좌판에 가서 멈춥니다. 검게 탄 얼굴, 바닷바람에 깊어진 주름, 아마 옛 선장님이셨으리라 상상이 되는 두 분이 고등어를 많이 펴놓은 곳입니다. 간혹 커다란 삼치도 한두 마리 있습니다. 주인공은 고등어입니다. 세 마리씩 한 손으로 손질되어 있는 모습은 부산 자갈치 시장에서 처음 보았지요. 보통은 두 마리씩 손질되어 굵은 소금을 뿌리고 간재비로 판매되는데 이곳은 세 마리가 한 손으로 판매되더군요. 물고기가 흔한 바닷가니 세 마리씩 크게 묶어 파는 모양이라고 혼자 생각해봅니다.

자갈치 시장 상인들의 활발한 움직임과 시원스럽고 힘찬 목소리로 물건을 파는 모습들이 생기 넘치는 삶의 현장으로 보입니다. 퍼덕이는 물고기처럼 생의 비늘이 싱싱하게 꿈틀거리고 있는 치열한 삶의 터전에서 살아가는 사람들, 한 치의 나약함도 없이 절실하게 당당하게 씩씩하게 살아내는 삶의 현장이라는 생각으로 숙연해집니다.

부산의 톤즈

'부산의 톤즈(Tonj)'를 찾아 가끔 인생의 정다운 벗과 함께 출발합니다. 새로운 시작을 할 때나 그 시작을 마무리할 때, 혹은 다시 마음을 가다듬고 싶을 때나 이 세상을 따스하게 만들고 있는 사람들을 만나고 싶을 때면 벗과 의기투합해 부산으로 떠납니다.

송도성당 근처에 위치한 소박한 건물에 '부산의 톤즈'가 있습니다. 이태석 요한 신부님의 삶의 궤적이 단아하게 정리되어 있고 생전에 한 일들과 그분이 만나고 사랑했던 사람들의 이야기들이 전시되어 있어 찾아오는 사람들이 존경과 감사와 그리움에 젖고 다시 새로운 힘을 마음에 지니고 삶의 현장으로 출발하게 하는 힘이 있는 조용하고 소박한 곳입니다.

남수단의 톤즈 마을에서 학교를 짓고 병원을 짓고 망고나무 아래에 칠판을 걸쳐두고 아이들에게 수학을 가르치시던 분, 브라스 밴드를 조직해 아이들이 음악의 세계에 발을 들여놓도록 이끄신 분, 악기 사용법을 직접 익혀가며 아이들을 가르치며 사랑을 실천하신 분, 한센인 마을을 방문하는 길에 우기의 무성한 풀을 헤쳐 직접 길을 만들어가며 차를 몰고 진료하러 가셨던 분, 한센인들의 발 모양을 본떠 직접 샌들을 만들어 선물하셨던 분, 잔잔하면서도 커다란 일을 일상에서 차근차근 실천해나가셨던 분, 그분이 어린 시절을 보내고 자라고 성장하던 흔적이 배어있는 땅, 부산의 송도성당과 그 골목길을 걸어보며 그분의 향기를 느껴봅니다.

피아노를 치고 싶어서 풍금이 있는 성당에 가서 풍금을 치며 어린 시절 신심을 키워나가셨던 분, 풍금을 칠 때 성당의 유리창을 통해 햇빛이 환하게 들어와 자신을 비추던 순간을 기억하며 가슴 벅차 했던 어린 시절의 이야기를 들려주시던 신부님을 생각합니다. 중학교 시절에 '묵상'이란 곡을 작사 작곡하며 자신의 생각과 의지와 신심의 지향을 넓혀나가시던 분, 일 나가신 엄마를 한없이 그리워하며 한참을 서성이며 간절하게 엄마를 기다렸던 긴 골목길을 이야기해주시던 분, 이태석 신부님의 이야기와 삶과 울림과 떨림이 현재에도 되살아나 빛을 발하고 있음을 느낍니다.

2022년 여름, 두 번째로 찾아간 '부산의 톤즈'는 좀 더 친근한 느낌으로 내게 다가왔습니다. 일상에서 알고 생각하는 것을 차근차근 실천해나가는 일의 중요성을 생각하게 된 시간이었습니다. 새로운 출발을 앞두고 새로운 사람들과 의미 있는 관계망을 건강하게 만들어나가고 싶은 소망을 다시 품게 되었지요.

"Everything is good." 그분의 마지막 인사가 마음에 되새겨집니다. 은하계의 변방에서 찰나의 순간을 사는 인간의 삶이지만 하루를 천년처럼 존재의 절정으로 또 살 수 있다는 사실이 삶이 부여하는 매력이 아닐까 생각해봅니다. 부산의 산동네 소박하고 정다운 골목길을 내려오며 울림이 큰 삶의 모습을 보여주신 그분을 생각하며 경주의 집으로 돌아오는 길은 잔잔한 마음으로 물결치고 있었습니다.

ⓒ 조현숙

간절한 마음, 돌에 새긴 임신서기석을 읽는 중학생들

―――――

일터에서 만나는 경상북도 전역의 초등학생들, 중학생들, 고등학생들과 생활해온 지 2년이란 시간이 넘게 흘렀습니다. 그동안 수련 활동에 참여하고 함께 시간을 엮어나간 수많은 청소년들의 발자취를 가끔 되새겨보는 시간을 스스로 가집니다. 휴식 시간 산책길에 나서거나 일터의 연못인 청심지를 거닐 때, 통일전과 서출지를 걸어갈 때, 혹은 산림원의 뒷길과 둘레길을 산책할 때 청소년들의 표정과 목소리와 활발한 발걸음과 인사를 나누던 때의 정겨운 풍경이 함께 떠오릅니다.

오랜 시간을 교직에서 그들과 함께 생활해온 시간이 축적되어 삼십 년을 지나고 있습니다. 긴 시간이지만 어제인 듯 여겨지는 삼십 년의 세월입니다. 그때나 지금이나 청소년들의 얼굴은 여전히 힘차고 신선하며 그들의 모습에서 희망을 읽을 수 있음은 옛날부터 지금까지 한결같다고 할 수 있습니다. 청소년들이 화랑의 호연지기를 체험하며 지금 이 순간에로 지속적으로 연계되는 수련 활동에 참여하며 화랑관에서 먼 옛날 신라의 두 젊은이가 돌에 맹세를 새긴 임신서기석을 영상으로 보는 시간이 있습니다. 1934년 경주시 현곡면 금장리에서 발견된 임신서기석, 두 젊은이가 학문을 닦아 나라에 충성할 것을 다짐하며 돌에 새긴 맹세입니다. 천년의 시간이 지난 지금에도 그 당시 젊은이들의 이상과 포부와 약속을 짐작해볼 수 있고 돌에 새긴 절실한 마음을 그려볼 수 있습니다.

오늘의 청소년들이 먼 옛날 젊은이들이 돌에 새긴 맹세를 풀어놓은 영상을 함께 봅니다. 지금 여기에서 그들은 임신서기석을 보며 반짝이는 눈동자를 갖고 천년의 세월을 아우르는 시간의 연속성과 과거와 현재가 이어짐을 느끼고 있음을 봅니다. 요즈음 청소년들은 수첩에 일과표를 기록 정리하고 학습계획을 세우기도 하고 휴대폰이나 전자 노트북에 기록 저장해 일정표를 작성하기도 하지만, 매체가 다를 뿐 돌에 새긴 맹세와 동일한 의지와 꿈과 목표가 있으리라 생각합니다.

반짝이는 눈망울로 옛날 돌에 새긴 젊은이들의 학습 목표와 마음가짐을 임신서기석의 내용에서 다시 읽어보는 청소년들, 그들의 마음이 역사 속으로 푹 잠겨들며 숙연해지는 것을 볼 수 있었습니다.

배낭을 짜며 생각해보는 사람들

────

겨울이면 종종 손뜨개 실을 파는 가게에 들릅니다. 찬 바람이 거리를 휩쓸고 지나는 계절이 되면 따스한 털실이 색색으로 가득 채워져 있는 손뜨개 가게에 들러 고운 빛깔의 털실을 사와 하루에 5분, 10분 틈새를 활용해 손뜨개를 하며 옷을 짜는 일을 시작합니다. 창작의 기쁨이 함께 존재합니다. 한 땀 한 땀 채워져가는 과정을 눈여겨보는 기쁨도 함께 느낍니다. 마감기한을 두지 않기에 여유로운 마음으로 짜다가 보면 어느새 마무리하는 단계에 도달해 있기도 합니다.

겨울 코트 위에 걸치는 머플러를 짜기도 하고 털모자를 짜기도 하고 해마다 유행하는 빛깔의 색실로 코트를 짜서 입기도 합니다. 투피스를 만들기도 하고 스웨터를 짜기도 합니다. 차분히 옷을 만들어나가는 과정이 참 기쁩니다. 작은 한 땀의 실을 출발점으로 해 한 벌의 옷을 완성해나가는 과정에 참여하는 기쁨은 완성의 환희를 맛보게 합니다. 그 기쁜 마음으로 인해 매년 겨울이 되면 마음이 설레고 또 손뜨개 가게를 서성이게 됩니다.

가끔은 소품들을 짜기도 합니다. 각티슈 통을 짜기도 하고 커피 용기, 설탕 용기 받침이나 컵 받침, 화분 받침을 짜기도 하고 거실에 필요한 소품 등을 짜기도 합니다. 편안히 쉴 수 있는 공간을 더욱 따스하게 만드는 작업은 그 과정 자체가 잔잔한 기쁨을 줍니다.

어느 해에는 새로운 시도를 하기도 합니다. 가게의 친절한 여주인은 여러 가지 작품을 미리 짜서 준비해두고 원하는 이들에게 뜨개질하는 방법을 잘 가르쳐줍니다. 나는 새롭게 배낭을 짜는 일에 도전해보았습니다. 배낭은 처음 짜보는 일이라 새로운 시도였지요. 코바늘로 짜는 배낭은 조금 빠르게 짤 수 있었습니다. 직접 짠 배낭을 메고 일터에 간 첫날, 동료 중 한 분이 환한 웃음으로 기쁨을 함께 나누어주었습니다. 그분도 손뜨개 취미를 갖고 계시는 분이셨지요.

처음에는 나에게 필요한 옷들을 많이 만들어 입었습니다. 세상에 하나뿐인 옷의 독특함과 착용의 편리함, 멋스러움으로 다양한 색상의 옷을 짰습니다. 그러다 점차 가족들에게 줄 선물을 짜기도 하고 일터의 동료들에게 필요한 소품을 짜기도 했지요. 직접 짠 모자를 선물하면 그 선물을 받은 동료는 참으로 기뻐했습니다. 그 얼굴에 피어나던 환한 미소가 보기에 너무 좋아서 여러 동료들에게 선물을 했습니다.

세월이 흐르고 일터가 바뀌어 헤어지게 된 동료들 중 한 분을 오랜 시간이 지난 후 연수회에서 우연히 만났습니다. 그분이 나에게 말해주었지요. 아직도 내가 짜준 그 모자를 소중히 간직하고 있다고. 잊고 있었는데 그분은 기억하고 계셨던 모양입니다. 작은 선물이 사람을 연결하고 오랜 시간이 지나도 그 기쁨을 간직하고 기억할 수 있게 도와주는 것을 느꼈습니다. 손뜨개 취미가 준 또 하나의 기쁨체험을 소중히 여깁니다.

북파랑길 해변가를 거니는 사람들

––––––

2022년 구월이 오는 길목에서 포항으로 일터를 옮기게 되었습니다. 본가를 경주에 두고 잠시 머물 작고 아늑한 거처를 마련하게 된 가을이었습니다. 새로운 장소는 새로운 거리와 가게들과 음식점들, 생활에 필요한 여러 가지 인간의 것들이 다정하게 옹기종기 모여 있어 따스한 시선과 신선한 마음을 느끼게 만듭니다.

늘 새로운 곳에 가면 탐험하고 싶은 본능이 되살아나고 이전에 알지 못했던 거리의 이곳저곳을 찾아 길 떠나는 시간을 즐기게 됩니다. 그곳의 공기와 햇빛과 사람들의 표정과 걷는 사람들과 달리는 사람들 그리고 도로에는 각자의 속도로 움직이는 운전자들의 운전 습관과도 만나게 됩니다. 신선한 느낌으로 다가오는 이곳은 안온하고 활기차고 평화로운 도시라는 첫인상을 갖습니다.

어느 날 저녁, 포항의 북파랑길로 정다운 벗과 차를 몰고 갔습니다. 시민들을 위한 공원과 산책로가 잘 조성되어있어 배려와 존중의 행정이 시행되고 있다는 따스한 마음을 느끼게 되어 기분이 평온해졌습니다. 동해의 씩씩한 파도가 밀려왔다 밀려가는 해안로를 따라 산책하는 사람들과 무리를 지어 달리는 사람들, 비슷한 운동복 차림으로 둘씩 달리는 사람들, 혼자 강아지와 산책하는 사람들, 마라톤 출전을 준비하는 듯 혼자서 달리는 사람들 등 여러 사람들이 해안로 산책길을 배경으로 활기찬 실루엣을 만들어내고 있었습니다.

걷는 발길을 따라 보이는 풍경이 다르게 다가옵니다. 정다운 벗과 한 발 한 발 걸어가는 걸음에 따라 공기의 기운과 발의 감촉과 포장된 도로의 느낌과 포구에 정박하고 휴식하는 배들의 모습과 여러 가닥의 매어진 밧줄과 걷는 순간 언뜻 맡을 수 있는 바다 내음이 매 순간을 생생한 느낌으로 살아있게 만듭니다. 걷기의 매력이 주는 감성이라 할 수 있겠지요.

바다를 향해 산책길을 확장해 만들어놓은 길을 걷습니다. 투명한 유리로 된 길의 발밑으로 파도의 움직임이 하얗게 퍼졌다가 다시 사라지는 광경을 봅니다. 우리는 느리게 천천히 걸으며 하루를 되새겨봅니다. 살아가는 일상의 하루하루가 존재의 절정이기를 희망하며 지나온 나날들, 그 속에 다시 가다듬어야 할 방향을 생각하며 걷습니다.

밀려왔다 밀려가는 파도의 물결을 바라보며 생각합니다. 오래전 먼 옛날 사람들이 파랑길을 걸으며 바라보았을 동해의 힘찬 물결과 태양과 모래사장을 오늘의 우리가 또 같은 길을 걸으며 바라보고 있음을 생각합니다. 끊임없이 이어지는 역사와 사람들의 이야기들이 이 파랑길을 따라 연결되어 있음을 느끼며 새삼 숙연한 마음이 듭니다. 각자의 삶의 자리에서 다양한 빛깔로 살아가지만 한 터전 위에서 한 하늘 아래에서 살아가는 삶의 이야기들이 모두 소중하지 않을 수 없다는 생각을 합니다. 점점 어두워지는 하늘빛을 따라 파도도 검은색으로 출렁이며 왔다가 갑니다.

노란 파라솔 정원에 모인 사람들

―――

2022년 가을 한가위 추석날이었습니다. 온 가족이 다정하게 모였습니다. 이층 붉은 벽돌집, 예쁜 창이 남쪽으로 나 있는 집, 마당에 잔디가 단아하게 자라고 있는 곳, 나무로 만든 그네가 낮은 소나무 옆에 조용하게 자리 잡고 있는 곳, 첫째 남동생네가 수더분하고 다정하게 사는 곳으로 찾아갔습니다. 팔순을 넘어 구순을 향해 천천히 걸어가시는 예쁜 엄마를 보러 전국 각지에서 삶의 터전을 꾸려나가던 형제들이 한자리에 모였지요. 뒤란의 자그마한 텃밭에는 가지와 고추가 싱싱하게 자라고 있었습니다. 넓은 마당의 곳곳에 동생네의 손길이 단정하게 스며있는 삶의 공간입니다.

2019년 겨울에 시작한 코로나19 감염병으로 인해 전 세계의 이동이 자제되고 국가들 간의 문도 닫힌 상황을 조심스럽게 지켜보며 방역과 위생에 더욱 노력했던 우리들, 가족 간의 만남도 조심스러워하며 서로의 건강과 안녕을 지켜주고자 노력했던 긴 시간들이 있었지요. 그 오랜 시간을 지나 2022년 가을의 추석에 엄마의 따사로운 손길 아래 자라난 형제들이 반가운 얼굴로 모였습니다. 오랜만의 만남으로 마음을 들썩이며 덕담을 주고받으며 웃는 얼굴을 하고 흐뭇한 마음을 나누었습니다.

우리 두 딸도 거의 삼 년 만의 외갓집 만남으로 마냥 즐거운 표정이었지요. 파란 잔디가 시원하게 자라고 있는 마당에 솜씨 좋은 둘째 남동생이 만든 원목 식탁과 노란 파라솔이 단아하게 날개를 편 정원의 식탁에서 외삼촌들과 이야기도 나누고 큰외삼촌이 구워주는 고기와 밥을 상추쌈에 싸 먹으며 모처럼 외갓집에서의 흐뭇한 시간을 보내고 있었습니다. 가족이어서 그냥 편안한 시간, 안녕을 기원하며 축복의 말을 나누는 시간, 순한 마음이 들게 하는 시간을 추석 한가위와 함께 누릴 수 있어 행복했습니다.

어린 시절 냇가에서 함께 놀던 형제들이 이제는 오십이 되고 먼저 부모에게서 태어난 형제는 육십이 되고 그들의 아이들은 자라나서 서른이 되고 스무 살을 넘어 대학에 들어가고 또 대학을 졸업하고 새로운 직장을 찾아 사회로 나가는 세월이 하나하나 쌓여 빛을 발하고 있었습니다. 오랜만에 만난 형제들의 가족을 보면서 세월이 만들어놓은 기적 같은 일들을 만납니다.

어린 시절의 꿈들이 자라나던 학교의 운동장은 말끔하게 정비되어있고 새로운 체육관이나 어린이집이 단정한 건물로 들어서 있는 모습을 봅니다. 그 시절 오가던 학교 가는 길의 도로는 깨끗이 정리되고 신호등이 설치되어있고 새로운 가게들과 꽃집과 식당이 그 이름을 새로 달고 있었습니다. 어린 시절을 보냈던 정다운 공간, 초등학교 건물은 화사한 색깔로 칠해져 있습니다. 철봉과 미끄럼틀, 그네를 타며 재잘대던 어린 시절이 떠오릅니다. 가을 운동회 때면 느티나무 그늘에 찾아오셨던 할머니의 모습도 떠오릅니다. 예전의 상황과 조금 바뀌었으나 같은 그 공간에 존재했었던 기억들이 샘물처럼 맑게 되살아오는 순간도 있습니다. 먼 옛날을 돌아보는 기억들로 마음이 따스해집니다. 수십 년 전의 어제와 오늘이 가까이 연이어있는 듯한 느낌을 가집니다.

삶의 터전으로 다시 돌아오는 길, 추석 한가위로 함께 모였던 형제들의 웃음소리와 환한 얼굴들이 둥그런 보름달이 되어 하늘에 떠오르고 있었습니다. 서로가 서로에게 힘이 되는 그 이름, 가족입니다. 참 좋습니다.

해병대 붉은 셔츠,
구슬땀 흘리는 수해 복구 현장

———

　2022년 가을 서늘한 기운이 아침저녁으로 상큼하게 느껴지는 계절이 되었습니다. 해마다 가을 태풍으로 마음을 졸이며 대비를 하고 기상예보에 귀를 쫑긋하며 준비하는 마음을 갖추게 되지요. 기후변화로 인해 태풍이 더욱 거세지고 세력을 키우며 오키나와에서 올라오고 있다는 날씨 뉴스를 접한 어느 날이었습니다. 비상소집 연락이 오고 오전 네시에서 일곱 시 사이에 출근하는 사람들 속에 나도 있었습니다. 이른 출근길의 비바람은 무서울 정도였지요. 도로에 사선으로 이리저리 휘몰아치며 내리는 빗줄기와 흔들리는 신호등을 긴장하는 마음으로 예리하게 지켜보며 일터로 향했습니다. 미리 연락을 받고 출근해 일터를 지키는 사람들이 있었습니다. 1층의 현관에 쏟아져 내린 빗물을 밀대로 닦아내는 손길들, 미끄럼방지용 종이상자를 펼쳐 깔아놓은 사람들, 비상소집으로 미리 출근해 일터를 수호하는 사람들의 모습이 엄숙하게 느껴졌습니다. 여러 사람이 모이면 큰일도 이루어내는구나 하는 느낌을 뜨겁게 체험하는 순간이었답니다.

　다음 날 이른 아침 사고 소식을 접하게 되었습니다. 주차장에 물이 들어차고 이동 주차를 하기 위해 지하에 내려갔던 여러 명이 희생되었다는 소식과 함께 어느 중학교의 학생 한 명도 그 속에 포함되어있다는 소식이었지요. 그 학생이 생활하고 있던 학교로 위기관리 대응팀이 출동했습니다. 상담 전문요원들과 생명사랑센터의 교수와 팀장과 나도 그 학교로 찾아갔습니다. 담임선생님의 이야기와 학교관계자들의 이야기를 듣고 친구를 떠나보내는 일과 남아있는 아이들의 마음을 보듬고 치유하여 보호하는 방법과 단계를 논의하는 시간을 나누었습니다. 아이들 스스로 회복 탄력성이 있음을 믿고 그 마음의 길을 안내하고 도와주는 일들을 전문요원들이 진지하고 따스하게 논의하는 과정을 지켜보았습니다.

　형산강이 범람하고 일대의 낮은 지역이 물에 잠기고 흙더미들이 무너지고 집을 덮치는 현장의 장면들이 뉴스에 나오고, 도로 위에서 다급하게 피신하던 순간을 짐작하게 하는 남겨진 차의 모습이 보이고 물의 높이가 어느 정도였는지 가늠하게 하는 흔적들이 나무에 남겨져 있었습니다. 학교를 방문하고 돌아오는 길, 도로는 거친 물결들이 지나간 자리로 흙가루들이 쌓여있고 자동차 몇 대가 그대로 버려져 있는 광경을 직접 보게 되었지요. 도로 위의 신호등도 물에 잠겨 고장 난 상황에서 경찰이 수신호로 자동차를 안내하며 보내는 광경도 만났습니다.

물에 잠긴 교실들을 정리하고 수업 도구들을 들어내 씻고 닦아내고 청소하는 일들을 도와주는 젊은이들을 만났습니다. 붉은 셔츠를 입고 구슬땀 흘리며 복구를 돕고 있는 해병대 군인들이었습니다. 학교 운동장에 장갑차가 와 있고 젊고 건장한 청년들이 운동장과 학교 구석구석의 흙더미와 쓰레기들을 치우고 있는 현장이었습니다. 휴식 시간에 그들은 운동장 계단에 그대로 드러누워 쉬기도 했지요. 힘들게 복구작업을 마치고 잠시 휴식하는 그들의 모습이 더없이 감사하고 믿음직스럽고 든든했습니다.

여러 사람들이 한곳에 모여 비참한 고통의 현장을 따스하게 만들고 있었습니다. 고통은 사람들을 한마음으로 모이게 하는 커다란 힘이 있는 듯합니다. 평범한 일상의 소중함과 함께 살아가는 이웃들의 소중함을 마음속 깊이 만난 시간이었습니다. 전쟁의 반대는 무엇인가 하는 질문에 '평화'라고 말하기보다 '일상'이라고 이야기하던 어떤 친구의 말도 함께 떠오르는 순간이었습니다.

돋을볕, 태양을 보던 동해의 아침

———

2022년 구월의 끝자락과 시월의 문턱에서 귀중한 며칠을 자유롭고 한가하게 보낸 시간이 있었습니다. 동해안 7번 국도를 따라 이어지는 동해의 수평선을 마음껏 바라보며 강원도 속초까지 올라갔습니다. 쉬엄쉬엄 올라가는 길에 변하는 풍경들과 사람들이 사는 모습들을 미소 지으며 바라볼 수 있었습니다. 깊은 계곡과 높은 산들의 모습이 점점 나타나고 이어지는 산들 사이로 평지가 나타나면 여지없이 마을들이 이루어져 있었습니다. 멀리서 바라보는 아파트들과 길과 작은 집들의 모양이 자연의 품 안에 기대어 오순도순 살아가는 우리 인간의 모습임을 조용히 느끼며 시간을 여유롭게 보내는 가을이었지요. 울진을 지나며 지난 계절의 심한 가뭄으로 더욱 고통스럽게 겪었던 산불의 흔적들을 바라보며 안타까운 마음도 들기도 했고 자연의 거대한 회복력을 희망하며 검게 그을린 산등성이를 바라보며 지나기도 했습니다. 양양과 간성이라고도 불리는 고성을 알리는 도로표지판을 보기도 했지요. 양간지풍이라는 말이 이 두 곳의 지명에서 비롯되었음을 눈으로 보는 시간이기도 했습니다.

속초에서의 첫째 날 이른 새벽에 눈이 뜨였습니다. 바다가 정면으로 보이는 위치의 숙소에 머물렀지요. 아, 태양이 바다에서 떠오르는 모습을 직접 눈으로 볼 수 있었습니다. 서서히 붉어지는 수평선에서 점차 점차 떠오르던 새 생명의 힘을 지닌 태양의 모습! 그날은 구름 한 점 없이 깨끗한 수평선과 하늘이어서 생생하게 떠오르는 태양을 볼 수 있는 행운을 만났던 것입니다. 그동안 여러 차례 동해의 일출을 보고자 시도했었는데 드디어 소망이 이루어지는 순간이었습니다.

새날의 새로운 태양을 '돋을볕'이라 부른다는 사실을 지난 2022년 여름에 알게 되었습니다. 경상남도의 어느 청소년수련관 방의 팻말이었습니다. 청소년들을 '돋을볕'처럼 여기는 선생님들이 교실의 이름을 지었다는 이야기가 떠오르는 아침 해를 보았을 때 생각나는 순간이었습니다. 그 '돋을볕'을 눈으로 직접 볼 수 있는 행운이 함께 한 여행길이었지요. 수평선을 붉게 물들이며 둥그런 태양이 생명력 넘치게 떠오르던 순간이 여행길의 매일매일 줄곧 마음에 남아 생명의 힘을 뿌려주고 있었습니다.

화초를 키우는 마음

———

　일터의 화장실은 잠시 쉬는 공간이 되기도 하고 평안한 마음을 다시 가다듬는 공간이 되기도 합니다. 주로 하얀색의 빛깔로 디자인된 싱크대와 여러 가지 필요한 도구들이 적절하게 청아한 모습으로 그 공간을 차지하고 있습니다.

　어느 날 아침 맑은 유리거울이 있는 곳에 초록빛 싱싱한 스킨답서스 화초를 빨간색의 컵에 담아서 가져다 두는 손길이 있었습니다. 그 조그마한 화초 덕분에 분위기가 생명이 성장하고 있는 공간으로 바뀌었습니다. 작은 마음과 손길이 생활공간에 이토록 활력을 불어넣을 수 있음을 다시 느끼는 순간이었지요. 소박한 마음을 베풀며 주위의 사람들에게 맑은 마음을 확산시키는 숨은 손길이 그 공간을 환하게 만들고 있습니다. 손을 씻고 종이수건으로 닦는 공간에는 난 화분을 가져다 놓았더군요. 청초한 가지를 뻗으며 곧게 자라나는 모습을 바라보는 시간이 참으로 소중하게 느껴집니다.

　초록빛 식물을 키우는 마음은 온통 초록빛으로 스며들 듯합니다. 매일 물을 주며 식물을 가꾸고 노랗게 변한 잎새를 따주고 줄기의 방향을 잡아주는 손길과 그 식물을 바라보는 눈동자와 얼굴, 손과 발, 그리고 머리카락 등 온몸이 초록으로 향기로워지리라 생각합니다.

이 지구상에 크기로 살아남은 종은 식물이고 개체의 수적인 우세로 생존한 종은 곤충이며 공존이 생존의 비결이라고 이야기하던 어느 생태학자의 진지한 말이 떠오릅니다. 나무와 곤충들의 협업과 공존의 지혜를 연구하고 책으로 엮어 이야기해주던 노신사 학자의 말이 생각납니다. 그 안에 인간도 새처럼 깃들어 살아가고 있음을 고맙게 생각하는 시간을 갖습니다.

줄기의 마디마다 초록잎 얼굴을 보여주는 화초를 볼 때마다 마음도 덩달아 초록으로 물드는 듯 신선해집니다. 초등학교 시절, 친구들과 동그랗게 둘러서서 선생님의 풍금에 맞추어 노래를 부르던 시절도 생각납니다.

초록빛 바닷물에 두 손을 담그면
초록빛 바닷물에 두 손을 담그면
파란 하늘빛 물이 들지요
어여쁜 초록빛 손이 되지요
초록빛 여울물에 두 발을 담그면
물결이 살랑 어루만져요
물결이 살랑 어루만져요

초록빛 잎새를 바라볼 때마다 노랫말처럼 초록빛으로 손과 발과 마음이 물드는 듯 느껴지는 시간입니다. 어린 시절 교실에 울려 퍼지던 우리들의 노랫소리도 들려오는 듯합니다. 초록빛이 나의 마음속에 자리 잡던 그 시절이 되살아옵니다.

ⓒ 조현숙

땅콩을 심는 여인

———

　새로운 삶의 터전에는 여러 가구들이 모여 살고 있습니다. 빌딩을 관리하는 키 큰 여인은 칠순에 가까운 듯한 모습인데 유머와 여유가 있는 말씨로 사람의 마음을 편안하게 만들어줍니다. 운동화를 신고 가벼운 옷차림의 여인은 활기차게 보입니다. 빌딩 관리인으로 자신의 역할을 기쁘게 하는 인상을 줍니다. 은퇴 이후에도 규칙적으로 자신의 일상을 관리하며 몸과 마음을 건강하게 일구어가는 듯한 느낌을 주고 있어 바라보는 나에게도 활기찬 기운이 전해지는 듯합니다.

　새로운 둥지의 주차장 한 모퉁이에 조그마한 넓이의 흙이 있는 밭에는 땅콩이 소복소복 자라고 있었습니다. 어느 날 저녁 산책길에 보았던 땅콩밭, 동그란 잎들이 옹기종기 가지런히 모여있는 밭이랑이 보이고 물기를 털어버리는 방수력이 좋은 듯한 반짝이는 잎새들이 보였지요. 우리는 작은 땅도 허투루 두지 않고 활용하는 조상들의 생활력과 부지런한 DNA를 이어받은 후손들이 분명하다는 생각을 하지 않을 수 없었습니다. 짙은 초록색의 동글동글한 땅콩 잎새들을 바라보며 미소를 저절로 짓게 되었지요.

부지런하고 씩씩한 인상의 나이 지긋하신 여자 관리인이 가꾸는 자투리 조그마한 땅, 그 울타리 안에서 자라나고 있는 땅콩은 어린 시절 외갓집에서의 일들을 생각나게 합니다. 가을이 시작될 무렵 외갓집을 방문하신 엄마 편으로 전해온 생땅콩의 생생한 냄새와 그것들을 솥에 삶아 우리에게 주시던 엄마의 손길이 생각납니다. 그물처럼 생긴 잎맥의 모습을 보여준 연한 갈색의 땅콩 껍질과 모래시계처럼 생긴 길쭉한 모습과 그 안에 연한 자줏빛 껍질을 둘러싸고 하얗게 들어앉아있던 땅콩의 고소한 맛이 아직도 기억 속에 생생하게 살아있습니다.

외갓집의 텃밭을 일구시던 외할머니와 외할아버지, 어린 우리 남매가 방학 때마다 자주 들렀던 외갓집에서의 추억과 여름날의 뙤약볕이 부서지던 오솔길과 뒤란의 장독대와 산길, 노란 좁쌀밥을 해주시던 외할머니와 가마솥, 디딜방아가 있던 곳간과 외삼촌들이 사용하던 재봉틀과 흙돌담가에 함초롬히 서 있던 석류나무 한 그루와 호두나무 키 큰 모습과 대문의 살구꽃이 연분홍으로 피어 흩날리던 봄날들이 떠올랐습니다. 동글동글 귀여운 잎새를 소복하게 달고 땅콩이 자라는 텃밭을 보며 저절로 떠오른 어린 시절의 그리움입니다. 마음이 따스해지는 저녁입니다.

공원을 걷는 사람들

———

　걷기를 생활화하며 지내오는 시간이 한 해 한 해 쌓여가고 있습니다. 걷는 발걸음을 따라 보여지는 풍경들이 천천히 마음에 새겨지는 느린 흐름을 즐기기도 합니다. 자세히 볼 수 있고 느낄 수 있어 세상이 또 다른 느낌으로 다가오기도 하지요.

　저녁을 먹은 후 가볍게 길을 나섭니다. 새로운 생활 터전으로 삼고 있는 포항에서 주로 환호공원과 장량동의 마을 길을 걸어가며 저녁 시간을 보내기도 합니다. 걷는 걸음마다 자주 만나는 토끼풀들과 민들레 잎새들을 고요히 바라보며 걷는 시간이 참 많습니다. 무리 지어 세 잎 혹은 네 잎으로 바람결에 흔들리는 토끼풀의 정다운 모습과 민들레 노란 꽃 얼굴을 보여주던 봄날의 기억을 잎새에 간직하고 초록 잎새들로 자란 민들레들이 무리를 이루며 소복이 모여있는 공원길을 걷습니다. 잔디와 함께 깎여지고 다듬어져도 다시 또 새 잎새들을 방긋 피어 올리는 야생초들의 생명력에 놀라기도 하는 시간이 있습니다. 걷다 보면 만나는 기적 같은 자연의 생명력입니다. 그들의 모습을 보며 책을 읽다가 보석처럼 건져 올린 한 구절이 생각납니다.

> "오동나무는 천 년을 묵어도 항상 가락을 품고 있고
> 매화는 일생 동안 추워도 향기를 팔지 않는다.
> 달은 천 번 이지러져도 그 본질이 남아있고
> 버드나무는 백 번을 꺾여도 새 가지가 돋는다."
>
> – 신흠

"사람은 책을 만들고 책은 사람을 만든다"라는 의미가 마음에 그대로 느껴지는 순간을 산책하면서 만납니다. 책의 구절이 자연 속에서 그대로 진실하게 실현되고 있음을 봅니다. 백 번을 꺾여도 다시 새 가지를 밀어 올리는 버드나무를 보면서 오동나무와 달과 매화를 함께 표현하며 사람에게 무언가 깊은 뜻을 전하고 있는 책 속의 한 구절이 마음속으로 들어옵니다.

민들레도 그러하고 토끼풀도 그러합니다. 베어져도 다시 또 일어나고 새잎을 피워내고 꽃물을 끌어올려 꽃송이를 피워내는 일들을 자연의 일부인 그들이 고요히 하는 모습을 만납니다. 숭고하지 않은 삶이 없습니다. 그 자연에 깃들어 사는 사람의 삶도 그러하리라 생각합니다.

부모와 함께 온 어린아이들의 모습도 싱그럽습니다. 삼

대의 가족들이 걷는 모습도 눈에 띕니다. 아버지와 딸, 어머니와 아들, 할아버지와 손자들이 걷는 모습이 자연의 일부인 듯 느껴집니다.

ⓒ 조현숙

에필로그

시간의 흐름 속에 사계절의 변화가 연속적으로 일어나는 공간 속에 살고 있습니다. 그 시간의 흐름과 함께 만나는 향기로운 사람들에게로 눈길이 많이 갔습니다. 나의 일상에서 잔잔한 향기를 발산하며 주위를 아름답게 만들던 많은 이들이 나와 함께 존재했습니다. 그들의 이야기를 속삭이고 싶어졌습니다. 그리해 매일 관찰하고 귀를 기울이고 따스한 시선을 유지하고자 한 걸음들이 모여 하나의 이야기로 엮어졌습니다.

매일의 일상에서 시선을 맑게 뜨고, 두루 살피며 아름다운 향기를 관찰하고 기록하는 일들로 하루하루가 채워졌습니다. 그 과정으로 인해 나의 삶도 더불어 향기로워졌음을 느끼고 있습니다. 주위의 아름다운 사람들, 고요히 자신의 일을 담담하게 수행하던 이들로 인해 나의 삶도 더욱 풍요로워졌음을 느낍니다. 참으로 그분들께 감사하는 마음을 갖게 되었습니다.

앞으로도 시간의 흐름 속에 아름다운 사람들을 만나는

여정을 계속하고 싶습니다. 나의 시선을 더욱 맑고 따스하고 초롱초롱하게 갈고 닦아야겠다는 생각을 합니다. 세상을 아름답게 만드는 수수하고 겸손한 사람들의 향기가 은은하게 퍼져 더욱 아름다운 세상이 만들어지리라 생각합니다.

가을의 기운을 느끼며
고요한 경주의 집에서 라일락 꽃나무 옆을 거닐다,
조현숙

ⓒ 조현숙